Sencillamente

Para Sus Fiestas

pil

Publications International, Ltd.

Fotógrafos: Eric Coughlin, Tate Hunt
Asistente de los Fotógrafos: Allison Lazard
Estilista de Apoyo: Hilary Ashlund
Estilistas de los Alimentos: Richard Longhi, Maryann Melone
Asistente del Estilista de los Alimentos: Sheila Grannen

En la portada se ilustra: Pescado Asado con Salsa de Chile y Maíz *(página 70).*
En la contraportada se ilustra: Tarta de Queso con Limón y Arándano *(página 120).*

ISBN-13: 978-1-4127-2927-7
ISBN-10: 1-4127-2927-0

Hecho en China.

8 7 6 5 4 3 2 1

Cocción en Horno de Microondas: La potencia de los hornos de microondas es variable. Utilice los tiempos de cocción como guía y revise qué tan cocido está el alimento antes de hornear por más tiempo.

Tiempos de Preparación/Cocción: Los tiempos de preparación están basados en la cantidad aproximada de tiempo que se requiere para elaborar la receta antes de cocer, hornear, enfriar o servir. Dichos tiempos incluyen los pasos de la preparación, como medir, picar y mezclar. Se tomó en cuenta el hecho de que algunas preparaciones y cocciones pueden realizarse simultáneamente. No se incluyen la preparación de los ingredientes opcionales ni las sugerencias para servir.

tentadores
entremeses

tostadas nicole de queso

1¾ **tazas de harina de trigo**
½ **taza de harina de maíz amarilla**
¾ **de cucharadita de azúcar**
¾ **de cucharadita de sal**
½ **cucharadita de bicarbonato de sodio**
½ **taza (1 barra) de mantequilla o margarina**
1½ **tazas (180 g) de queso Cheddar rallado**
½ **taza de agua fría**
2 **cucharadas de vinagre blanco**
   Pimienta negra poco molida

1. Combine la harina, la harina de maíz, el azúcar, la sal y el bicarbonato en un recipiente. Corte la mantequilla con una licuadora para pastelería o con dos cuchillos, hasta que la mezcla forme grumos gruesos. Revuelva el queso, el agua y el vinagre con un tenedor hasta que se forme una masa suave. Cubra la masa; refrigere por 1 hora o congele por 30 minutos hasta que esté firme.*

2. Caliente el horno a 190 °C. Engrase 2 charolas para hornear. Divida la masa en 4 porciones. Sobre papel delgado, enharinado, extienda cada porción a unos 33 cm de diámetro. Espolvoree con pimienta; presione la pimienta en la masa.

3. Corte cada círculo en 8 rebanadas; acomódelas sobre las charolas. Hornee por unos 10 minutos o hasta que estén crujientes. Guárdelas en un recipiente hermético hasta por 3 días.   *Rinde 32 tostadas*

*La masa puede congelarse en este momento. Para prepararla, descongélela en el refrigerador y proceda como se indica.

tentadores
entremeses

alitas de pollo búfalo originales

Aderezo Blue Cheese (receta más adelante)
1.125 kg de alitas de pollo, abiertas y sin puntas
½ taza de salsa de pimienta de Cayena (o al gusto)
⅓ de taza de mantequilla o margarina, derretida
Ramas de apio

1. Prepare el Aderezo Blue Cheese.

2. Fría en aceite las alitas,* a 200 °C por 12 minutos o hasta que estén crujientes y no estén de color rosado; escúrralas.

3. Combine la salsa y la mantequilla en un recipiente. Agregue la salsa a las alitas; cúbralas bien. Sirva con el Aderezo Blue Cheese y el apio. *Rinde de 24 a 30 porciones individuales*

*O prepare las alitas con alguno de los siguientes métodos de cocción. Añada la salsa; cúbralas bien.

Horneadas: Coloque las alitas en una charola para hornear, en una sola capa. Hornee a 220 °C por 1 hora o hasta que estén crujientes y no estén de color rosado; voltéelas una vez a la mitad del tiempo de horneado.
A la Parrilla: Ponga las alitas, en una sola capa, en una charola para asar forrada de papel de aluminio. Ase a 15 cm de la fuente de calor, de 15 a 20 minutos o hasta que estén crujientes y no estén de color rosado; voltéelas una vez a la mitad del tiempo de cocción.
Al Carbón: Acomode las alitas en una capa sobre el asador engrasado. Ase a fuego medio de 30 a 40 minutos o hasta que estén crujientes y no estén de color rosado; voltéelas con frecuencia.

Aderezo Blue Cheese

½ taza de aderezo blue cheese para ensalada
¼ de taza de crema agria
2 cucharaditas de salsa de pimienta de Cayena

Combine todos los ingredientes en un recipiente; revuelva bien. Adorne con blue cheese desmoronado, si lo desea. *Rinde ¾ de taza de aderezo*

continúa en la página 6

alitas de pollo búfalo originales, continuación

Alitas Rojas Shangai: Cueza las alitas como se indica en la página 4. En un recipiente chico, combine ¼ de taza de salsa de soya, 3 cucharadas de miel de abeja, 3 cucharadas de salsa de pimienta de Cayena, 2 cucharadas de aceite de maní, 1 cucharadita de jengibre fresco pelado rallado y 1 cucharadita de ajo picado. Revuelva bien. Vierta la salsa sobre las alitas; cúbralas bien.

Alitas Cajún: Cueza las alitas como se indica en la página 4. En un recipiente chico, combine ⅓ de taza de salsa de pimienta de Cayena, ⅓ de taza de salsa catsup, ¼ de taza (½ barra) de mantequilla o margarina derretida y 2 cucharaditas de sazonador Cajún. Revuelva bien. Vierta sobre las alitas; cúbralas bien.

salsa santa fe con piña

- **2 tazas de piña fresca finamente picada**
- **225 g de frijoles (judías) rojos o pintos, cocidos y escurridos**
- **230 g de granos de maíz enteros, escurridos**
- **1 taza de pimiento morrón verde o rojo picado**
- **½ taza de cebolla morada finamente picada**
- **2 cucharadas de cilantro fresco picado**
- **1 a 2 cucharaditas de chile jalapeño fresco picado, sin semillas**
- **½ cucharadita de ralladura de cáscara de limón**
- **2 cucharaditas de jugo de limón**

- Revuelva la piña, los frijoles, el maíz, el pimiento, la cebolla, el cilantro, el chile, la ralladura y el jugo en un recipiente. Tape y enfríe durante 30 minutos por lo menos para que se combinen los sabores. Sirva con salmón ahumado y espárragos. Adorne con rebanadas de piña, si lo desea.

- La salsa puede servirse con totopos de maíz o sobre quesadillas y tacos. *Rinde 10 porciones*

Tiempo de Preparación: 20 minutos
Tiempo de Enfriado: 30 minutos

crostini de cangrejo

450 g de carne de cangrejo
1½ tazas de queso mozzarella bajo en grasa, rallado
½ taza de nueces, tostadas y picadas
2 chiles dátil, picados y sin semillas (u otro tipo de chile)
2 cucharaditas de romero fresco picado
2 cucharaditas de tomillo fresco picado
1 paquete (90 g) de tomates deshidratados, rehidratados y picados
12 rebanadas (de 2.5 cm) de pan francés, cortadas en diagonal

Retire cualquier residuo de concha de la carne de cangrejo. Combine todos los ingredientes, excepto el pan; revuelva bien. Tape y refrigere por una hora. Acomode las rebanadas de pan en una charola para hornear y añada cantidades similares de la mezcla de cangrejo en cada una. Ase a 10 o 15 cm de la fuente de calor, de 6 a 8 minutos o hasta que el queso se derrita y empiece a dorarse. *Rinde 12 porciones de entremés*

bola de queso

2 paquetes (de 225 g cada uno) de queso crema, suavizado
⅓ de taza de mayonesa
¼ de taza de queso parmesano rallado
2 cucharadas de zanahoria finamente picada
1 cucharada de cebolla morada finamente picada
1½ cucharaditas de rábano rusticano preparado
¼ de cucharadita de sal
½ taza de nueces picadas
Galletas surtidas

Combine todos los ingredientes, excepto las nueces y las galletas, en un recipiente. Tape y refrigere hasta que esté firme. Forme una bola con la mezcla de queso; ruédela sobre las nueces. Envuelva la bola en plástico y refrigérela durante 1 hora por lo menos. Sirva con galletas surtidas. *Rinde unas 2½ tazas de queso para untar*

alcachofas baby con dip de pimiento asado

18 alcachofas baby* (unos 675 g)
½ cucharadita de sal
¼ de taza de salsa de pimienta de Cayena
¼ de taza de mantequilla o margarina, derretida
Dip de Pimiento Asado (receta más adelante)

*Puede sustituirlas por 500 g de alcachofas partidas a la mitad, cocidas y escurridas. Barnícelas con la mezcla de mantequilla y salsa, y áselas como se indica.

1. Lave las alcachofas y quite las hojas dañadas. Corte 1.5 cm de la parte superior; luego córtelas por la mitad a lo largo. Coloque las mitades de alcachofa en un recipiente de 3 litros de capacidad, con 1 taza de agua y la sal. Tape; hornee en el microondas a temperatura ALTA por 8 minutos o hasta que estén listas. Ensarte las mitades de alcachofa en brochetas de metal.

2. Prepare el asador. Combine la salsa y la mantequilla en un recipiente. Barnice las alcachofas con esta mezcla. Acomode las alcachofas en el asador. Ase sobre el carbón caliente por unos 5 minutos o hasta que estén listas; voltéelas y barnícelas con la salsa varias veces. Sírvalas con el Dip de Pimiento Asado.

Rinde 6 porciones

dip de pimiento asado

1 frasco (210 g) de pimientos rojos asados, escurridos
1 diente de ajo picado
¼ de taza de aderezo Ranch para ensalada
2 cucharadas de mostaza Dijon con miel
2 cucharadas de salsa de pimienta de Cayena
¼ de cucharadita de sal

1. Coloque los pimientos y el ajo en la licuadora. Tape y licue hasta que se incorporen.

2. Agregue el aderezo, la mostaza, la salsa y la sal. Licue muy bien. Tape y refrigere por 30 minutos.

Rinde más o menos 1 taza de dip

focaccia de tomate y feta

1 paquete (450 g) de masa para pan, descongelada
2 tomates, en rebanadas delgadas
1 taza (120 g) de queso feta desmoronado
1 cucharada de romero fresco picado *o* 1 cucharadita de romero seco

1. Engrase un molde para pan de 38×25×2.5 cm y sus manos con aceite en aerosol. Acomode la masa en el molde, presionando muy bien en las orillas. (Si la masa no se estira en las orillas del molde, déjela reposar por 5 minutos.) Tape y deje que esponje en un lugar tibio (30 °C), por unos 30 minutos o hasta que duplique su tamaño.

2. Caliente el horno a 190 °C. Acomode los tomates sobre la masa en una sola capa. Espolvoree con el queso y el romero. Hornee de 23 a 25 minutos o hasta que el fondo esté crujiente y la parte superior esté bien dorada. Para dorar más, coloque en el asador de 1 a 2 minutos.

Rinde 15 porciones

camarón y tocino glaseados

1 lata (225 g) de castañas de agua rebanadas, escurridas
36 camarones crudos medianos, pelados y desvenados (unos 565 g)
9 rebanadas de tocino (beicon), cortadas en 4 piezas
⅓ de taza de salsa barbecue
⅓ de taza de mermelada de chabacano (albaricoque)
1 cucharada de jengibre fresco rallado
1 cucharada de vinagre de sidra
⅛ de cucharadita de hojuelas de pimienta roja

1. Caliente el asador. Coloque 1 castaña sobre cada camarón. Envuélvalos con 1 pieza de tocino; asegure con palillos. Repita la operación con los camarones, las castañas y el tocino restantes.

2. Forre un molde para asar con papel de aluminio; inserte la parrilla del asador. Engrase la parrilla con aceite en aerosol. Ponga los camarones sobre la parrilla.

3. Combine la salsa barbecue, la mermelada, el jengibre, el vinagre y la pimienta en un recipiente. Barnice los entremeses con la salsa. Ase por 2 minutos; voltéelos. Barnice y ase durante 2 minutos más; vuelva a voltearlos. Barnice y ase por 1 minuto o hasta que el tocino esté ligeramente dorado.

Rinde 36 entremeses

11

sándwich festivo

1 barra (30 cm) de pan de harina fermentada o chapata
1½ tazas de albahaca fresca
180 g de queso provolone ahumado o mozzarella (unas 9 rebanadas delgadas)
3 tomates, en rebanadas
1 cebolla morada, en rebanadas delgadas*
2 pimientos rojos asados, en rebanadas
2 a 3 cucharadas de aceite de oliva extra virgen
1 cucharada de vinagre balsámico
¼ de cucharadita de sal
¼ de cucharadita de pimienta negra

*Para reducir el fuerte sabor de la cebolla, coloque las rebanadas en un colador; enjuague con agua fría. Escúrralas y séquelas.

1. Corte el pan por la mitad a lo largo. Ponga las rebanadas, con el lado cortado hacia arriba, sobre la superficie de trabajo. Quite el migajón, dejando una corteza de 3.5 cm.

2. Acomode en capas las hojas de albahaca, el queso, el tomate, la cebolla y los pimientos en la mitad inferior del pan; rocíe con el aceite y el vinagre. Sazone con sal y pimienta; tape con la otra mitad del pan.

3. Envuelva el sándwich con envoltura plástica; acomódelo en una charola para hornear. Tape con otra charola. Ponga unas latas o recipientes pesados sobre la charola superior. Refrigere durante varias horas o por toda la noche.

4. Para servir, retire los objetos y el plástico. Corte en rebanadas de 2.5 cm; acomode en un platón.

Rinde 12 rebanadas

sándwich festivo

aderezo de aceitunad

    1 lata (450 g) de aceitunas negras sin hueso, escurridas
    ½ taza de aceitunas rellenas de pimiento
    1 cucharada de ajo asado*
    ½ cucharadita de mostaza seca
    1 cucharada de aceite de oliva
    60 g de queso feta
       Pan italiano crujiente o galletas

*Para asar el ajo, caliente el horno a 200 °C. Retire la piel del ajo y corte 0.5 cm de la parte superior de la cabeza de ajo. Coloque el ajo, con la parte cortada hacia arriba, sobre un trozo de papel de aluminio resistente. Rocíe con 2 cucharaditas de aceite de oliva; envuelva con el papel. Hornee de 25 a 30 minutos o hasta que los dientes de ajo estén suaves cuando los presione. Deje enfriar antes de exprimirlos para extraer la pulpa.

1. Muela finamente las aceitunas, el ajo asado y la mostaza en el procesador de alimentos.

2. Combine esta mezcla con el aceite y el queso en un recipiente; revuelva bien. Sirva con rebanadas de pan.

Rinde 1¾ tazas de aderezo

Consejo: Para un mejor sabor, prepare el aderezo con varias horas de antelación para que se mezclen bien los sabores.

bocaditos reuben

    24 rebanadas de pan de centeno
    ½ taza de aderezo mil islas
    180 g de pastrami, en rebanadas muy delgadas
    1 taza (120 g) de queso suizo rallado
    1 taza de germinado de alfalfa

Caliente el horno a 200 °C. Acomode el pan en una charola antiadherente para hornear. Hornee por 5 minutos o hasta que se dore un poco. Unte aderezo a cada rebanada; corone con pastrami, doblando las orillas. Espolvoree con queso. Hornee por 5 minutos o hasta que estén listas. Corone con el germinado. Acomode en un platón. Adorne, si lo desea.

Rinde 12 porciones

aderezo de aceitunas

huevos endiablados

- **6 huevos**
- **3 cucharadas de crema batida**
- **1 cebolla picada**
- **1 cucharada de vinagre de vino blanco**
- **2 cucharaditas de mostaza Dijon**
- **½ cucharadita de curry en polvo**
- **½ cucharadita de salsa picante**
- **3 cucharadas de tocino (beicon) picado y dorado**
- **1 cucharada de perejil fresco finamente picado (opcional)**

1. Coloque los huevos en una olla chica; cubra con agua fría. Deje hervir a fuego alto. Tape y retire del fuego. Deje reposar por 15 minutos. Escúrralos; enjuague bajo el chorro de agua fría. Pélelos; deje enfriar por completo.

2. Corte los huevos por la mitad a lo largo. Retire las yemas; deje aparte las claras. Machaque las yemas con un tenedor. Revuelva con la crema, la cebolla, el vinagre, la mostaza, el curry y la salsa.

3. Con una cuchara o con una duya (manga), rellene las claras con la mezcla preparada. Acomode los huevos en un platón. Espolvoree con tocino y perejil.

Rinde 12 huevos endiablados

brie horneado

- **225 g de queso Brie, sin corteza**
- **¼ de taza de nueces picadas**
- **¼ de taza de jarabe de maíz oscuro**

1. Caliente el horno a 180 °C. Coloque el queso en un refractario poco profundo. Corone con las nueces y bañe con el jarabe.

2. Hornee de 8 a 10 minutos o hasta que el queso comience a derretirse. Sírvalo caliente con galletas saladas.

Rinde 8 porciones

huevos endiablados

dip cremoso de parmesano y alcachofa

2 latas (de 400 g cada una) de corazones de alcachofa, escurridos y picados
2 tazas (225 g) de queso mozzarella rallado
1½ tazas de queso parmesano rallado
1½ tazas de mayonesa
½ taza de cebolla finamente picada
½ cucharadita de orégano seco
¼ de cucharadita de ajo en polvo
4 pitas (pan árabe) redondas
Verduras crudas surtidas

Instrucciones para Cocción Lenta

1. Combine las alcachofas, los quesos, la mayonesa, la cebolla, el orégano y el ajo en polvo en una olla de cocción lenta de 1½ litros; revuelva bien.

2. Tape y cueza a temperatura BAJA por 2 horas.

3. Justo antes de servir, corte las pitas en rebanadas. Acomode las rebanadas y las verduras en un platón; sirva con el dip caliente.

Rinde 4 tazas de dip

dip cremoso de parmesano y alcachofa

bollos de queso asiago

1 cucharada de mantequilla

1 cucharada de aceite de oliva

½ cucharadita de sal

Pimienta de Cayena al gusto

1 taza de agua

1 taza de harina

4 huevos*

½ taza (60 g) de queso Asiago finamente rallado

½ taza (60 g) de queso parmesano rallado

*Para bollos ligeros, use sólo 2 huevos enteros y 4 claras.

Caliente el horno a 200 °C. En una olla, combine la mantequilla, el aceite, la sal, la pimienta y el agua; ponga a hervir. Agregue la harina, toda a la vez; bata hasta que se forme una bola uniforme. Cueza a fuego bajo hasta que la mezcla se seque, pero que aún esté uniforme; transfiera a un recipiente grande; incorpore los huevos, uno a la vez. Añada los quesos. Con una cuchara medidora, vierta porciones de la masa en charolas para hornear engrasadas. Hornee por 20 minutos o hasta que se doren un poco y estén firmes. Sirva de inmediato.

Rinde unos 30 bollos

pasta para untar de pimiento asado

1 taza de pimientos rojos asados, enjuagados y escurridos

1 paquete (225 g) de queso crema, suavizado

1 paquete (30 g) de aderezo Ranch para ensalada

Rebanadas de pan francés y rebanadas de aceitunas (opcional)

Seque los pimientos. En el procesador de alimentos, combine los pimientos, el queso y el aderezo; procese hasta que se incorporen. Unte sobre las rebanadas de pan y adorne con aceitunas, si lo desea.

Rinde 2 tazas de pasta para untar

bollos de queso asiago

fáciles empanadas de salchicha

1 paquete (de 435 g) de cortezas para pay refrigeradas (2 cortezas)
115 g de salchicha de cerdo
2 cucharadas de cebolla finamente picada
⅛ de cucharadita de ajo en polvo
⅛ de cucharadita de comino molido
⅛ de cucharadita de orégano seco
1 cucharada de aceitunas rellenas de pimiento picadas
1 cucharada de uvas pasa picadas
1 huevo, separado

Deje reposar las cortezas a temperatura ambiente, por 20 minutos o como indique el empaque. Desmenuce la salchicha en una sartén. Agregue la cebolla, el ajo, el comino y el orégano; cueza a fuego medio-alto hasta que la salchicha no esté rosada. Escurra la grasa. Integre las aceitunas y las uvas pasa. Bata ligeramente la yema de huevo y viértala sobre la salchicha; revuelva bien. Con cuidado, desenvuelva las cortezas. Corte con cortadores de galletas de 9 cm. Coloque unas 2 cucharaditas del relleno de salchicha en la mitad de los cortes de masa. Cúbralas con los cortes restantes. (O use un cortador redondo, ponga el relleno y doble la masa para formar medias lunas.) Humedezca sus dedos con agua y pellizque las orillas de la masa para sellarla. Bata ligeramente la clara de huevo; barnice con cuidado las empanadas. Hornee a 220 °C, de 15 a 18 minutos o hasta que se doren.   *Rinde 12 porciones de entremés*

Tiempo de Preparación: 25 minutos
Tiempo de Cocción: 15 minutos

atún en tazas de wonton

18 hojas de wonton, en cuadrados de 8 cm

Aceite en aerosol sabor mantequilla o aceite de oliva

1 lata (360 g) de atún light

⅓ de taza de orzo (lengüita de pasta) cocido frío o arroz cocido

¼ de taza de dip cremoso al gusto

¼ de taza de aceitunas rellenas de pimiento, escurridas y picadas

3 cucharadas de pepinillos en salmuera, escurridos y picados

Pimentón, para adornar

Ramitas de perejil, para adornar

Corte los wontons con un cortador para galletas redondo de 8 cm. Rocíe moldes para muffin miniatura con aceite en aerosol. Coloque un círculo en cada molde; presione el wonton hacia los costados del molde. Rocíe cada wonton con aceite en aerosol. Hornee a 180 °C, de 6 a 8 minutos o hasta que se doren.

En un recipiente, mezcle muy bien el atún, el orzo, el dip, las aceitunas y los pepinillos. Refrigere hasta el momento de servir. Desmolde los wontons. Rellene cada uno con una cucharada abundante de la mezcla; adorne con pimentón y perejil.

Rinde 18 porciones

Tiempo de Preparación: 20 minutos

Consejo: Las tazas pueden hacerse con un día de anticipación; guárdelas en un recipiente hermético. Para que vuelvan a estar crujientes, hornéelas a 180 °C, de 1 a 2 minutos.

fondue pizza

225 g de salchicha de cerdo

1 taza de cebolla picada

2 frascos (de 780 ml cada uno) de salsa para pasta

120 g de jamón, en rebanadas delgadas, finamente picadas

90 g de pepperoni rebanado, finamente picado

¼ de cucharadita de hojuelas de pimienta roja

450 g de queso mozzarella, en cubos de 1.5 cm

1 hogaza de pan francés o italiano, en cubos de 1 cm

Instrucciones para Cocción Lenta

Dore la salchicha y la cebolla en una sartén a fuego medio-alto, hasta que la salchicha ya no esté rosada. Escurra la grasa. Transfiera la salchicha a la olla de cocción lenta. Integre la salsa, el jamón, el pepperoni y la pimienta. Tape; cueza a temperatura BAJA de 3 a 4 horas. Sirva la fondue con los cubos de queso y pan.

Rinde de 20 a 25 porciones

"sushi" de jamón y de queso

4 rebanadas delgadas de jamón deli (de unos 10×10 cm)

1 paquete (225 g) de queso crema, suavizado

1 pieza (de 10 cm de largo) de pepino sin semillas, cortado a lo largo en cuartos

4 rebanadas delgadas (de unos 10×10 cm) de queso americano o cheddar, a temperatura ambiente

1 pimiento morrón rojo, en tiras delgadas de 10 cm de largo

1. Para el sushi de jamón, seque 1 rebanada de jamón con una toalla de papel para quitar el exceso de humedad. Extienda 2 cucharadas de queso crema. Seque 1 pieza de pepino con una toalla de papel; colóquelo en una orilla del jamón. Enrolle firmemente y presione para sellar. Envuelva con envoltura plástica; refrigere. Repita el procedimiento con el jamón, el queso y el pepino restantes.

2. Para el sushi de queso, extienda 2 cucharadas de queso crema en 1 rebanada de queso. Ponga 2 tiras de pimiento en una orilla del queso. Enrolle firmemente y presione para sellar. Envuelva con envoltura plástica; refrigere. Repita el procedimiento con el queso, el queso crema y los pimientos restantes.

3. Para servir, corte los rollos en piezas de 1.5 cm de grosor.

Rinde 8 porciones

manojos de espinaca y queso

 1 paquete (195 g) de queso para untar con hierbas y ajo
 ½ taza de espinacas trozadas y sin tallos
 ¼ de cucharadita de pimienta negra
 1 paquete (485 g) de pasta hojaldrada, descongelada
  Salsa agridulce o su salsa favorita (opcional)

1. Caliente el horno a 200 °C. Combine el queso, la espinaca y la pimienta en un recipiente; revuelva bien.

2. Extienda 1 hoja de pasta sobre una superficie enharinada y forme un cuadro de 30 cm. Corte 16 cuadros (de 9 cm). Ponga 1 cucharadita de la mezcla de queso en el centro de cada cuadro. Barnice las orillas del cuadro con agua. Junte las orillas sobre el relleno; tuerza juntas las puntas para sellarlas. Repita la operación con la pasta y la mezcla de queso restantes.

3. Coloque los manojos sobre una charola sin engrasar, separados 5 cm. Hornee por unos 13 minutos o hasta que se doren. Sírvalos calientes con salsa, si lo desea. *Rinde 32 manojos*

bruschetta

  Aceite en aerosol
 1 taza de cebolla, en rebanadas delgadas
 ½ taza de tomate sin semillas, picado
 2 cucharadas de alcaparras
 ¼ de cucharadita de pimienta negra
 3 dientes de ajo finamente picados
 1 cucharadita de aceite de oliva
 4 rebanadas de pan francés
 ½ taza (60 g) de queso Monterrey Jack rallado

Rocíe una sartén con aceite en aerosol. Fría la cebolla por 5 minutos a fuego medio. Agregue el tomate, las alcaparras y la pimienta. Cueza por 3 minutos. Caliente el asador. Combine el ajo y el aceite en un recipiente. Barnice las rebanadas de pan con esta mezcla. Corone con la mezcla de cebolla; espolvoree con queso. Acomode en una charola para hornear. Ase por 3 minutos o hasta que el queso se derrita.

Rinde 4 porciones

dip de blue cheese para peras

　1 paquete (225 g) de queso crema, suavizado
　1/3 de taza de jarabe de maíz light u oscuro
　2 cucharaditas de jugo de limón
　1/8 de cucharadita de jengibre molido
　1/2 taza (60 g) de blue cheese desmoronado
　3 peras, en rebanadas delgadas

1. En el recipiente de la batidora, a velocidad media, bata el queso crema, el jarabe, el jugo de limón y el jengibre hasta que se incorporen. Añada el blue cheese y mezcle.

2. Tape; refrigere de 1 a 2 horas. Adorne con moronas de blue cheese. Sirva con rebanadas de pera.

Rinde más o menos 1½ tazas de dip

minibrochetas de res marinadas

　1 bistec de sirloin de res (de unos 450 g)
　2 cucharadas de jerez seco
　2 cucharadas de salsa de soya
　1 cucharada de aceite oscuro de ajonjolí
　2 dientes de ajo picados
18 tomates cherry
　Hojas de lechuga (opcional)

1. Corte la carne a lo ancho, en rebanadas de 0.5 cm. Colóquela en una bolsa de plástico. Combine el jerez, la salsa de soya, el aceite y el ajo en un recipiente; vierta sobre la carne. Selle la bolsa; voltéela para bañar la carne. Marine en el refrigerador durante 30 minutos por lo menos, o hasta por 2 horas. Remoje en agua 18 brochetas de madera (de 15 cm), por 20 minutos.

2. Caliente el asador. Escurra la carne y deseche la marinada. Ensarte la carne en forma de acordeón en las brochetas. Acomódelas en la parrilla del asador.

3. Ase a 10 o 12 cm de la fuente de calor por 4 minutos. Voltee las brochetas; ase por 4 minutos o hasta que la carne esté un poco rosada en el centro. Adorne cada brocheta con un tomate cherry; ponga sobre una cama de lechuga. Sírvalas calientes o a temperatura ambiente.

Rinde 18 entremeses

dip de blue cheese para peras

champiñones rellenos chinatown

   24 champiñones frescos grandes (unos 450 g), lavados
225 g de pavo molido
    1 diente de ajo picado
   ¼ de taza de pan molido
   ¼ de taza de cebollines, en rebanadas delgadas
    3 cucharadas de salsa de soya baja en sodio
    1 clara de huevo, ligeramente batida
    1 cucharadita de jengibre fresco picado
   ⅛ de cucharadita de hojuelas de pimienta roja (opcional)

1. Retire los tallos de los champiñones; píquelos finamente hasta obtener 1 taza. Cueza el pavo, los tallos picados y el ajo en una sartén a fuego medio-alto, hasta que el pavo no esté rosado; revuelva para separar la carne. Escurra la grasa. Agregue el pan, los cebollines, 2 cucharadas de salsa de soya, la clara de huevo, el jengibre y la pimienta, si lo desea; revuelva bien.

2. Caliente el asador. Barnice ligeramente los sombreros de los champiñones con 1 cucharada de salsa de soya; rellénelos con 2 cucharaditas de la mezcla.* Ponga los champiñones rellenos en la parrilla del asador, forrada con papel de aluminio. Ase a 10 o 12 cm de la fuente de calor, de 5 a 6 minutos o hasta que estén bien calientes.

Rinde 24 entremeses

*Los champiñones pueden prepararse hasta este punto; tápelos y refrigérelos hasta por 24 horas. Agregue 1 o 2 minutos al tiempo de asado de los champiñones fríos. O congele el relleno en porciones individuales. Para congelar, ponga las porciones en una charola o en un refractario; congele por 30 minutos hasta que estén firmes. Retire del congelador; póngalos en bolsas para congelar y congele por completo. Descongele en el refrigerador antes de rellenar los champiñones como se indica.

champiñones rellenos chinatown

pizza de salmón y brie

   1 taza de harina de trigo
   ⅓ de taza más 2 cucharadas de aceite de canola
   3 cucharadas de eneldo fresco
   ¼ de taza de agua
225 g de queso brie
225 g de salmón ahumado
   3 cucharadas de cebolla morada picada
   1 cucharada de alcaparras

1. Combine la harina, ⅓ de taza de aceite y 1 cucharada de eneldo en un recipiente; revuelva bien. Poco a poco, agregue el agua; revuelva hasta que se forme una masa. (La masa estará húmeda; no agregue más harina.) Amase manualmente en el recipiente por 4 minutos.

2. Forme con la masa 8 bolas (de 2.5 cm). Extienda cada bola con el rodillo y haga un círculo de 10 cm.

3. Caliente 2 cucharadas de aceite en una sartén a fuego medio. Cueza los círculos de masa por unos 20 segundos de cada lado o hasta que se doren un poco. Retírelos de la sartén; escúrralos sobre toallas de papel.

4. Corte el queso en 16 rebanadas. Ponga 2 rebanadas en cada corteza. Añada 2 rebanadas de salmón. Corone con la cebolla, las 2 cucharadas restantes de eneldo y las alcaparras.   *Rinde 8 porciones*

Variante: Caliente el asador. Ponga el salmón sobre las cortezas; corone con el queso, la cebolla, el eneldo y las alcaparras. Acomode sobre el asador; ase justo hasta que el queso se derrita.

sensacionales
guarniciones

ensalada isabella de frijoles

Ensalada

- 6 tazas de ensalada verde lavada y en trozos
- 2 latas (de 435 g cada una) de frijoles (judías) rojos, enjuagados y escurridos
- 2 tazas de arroz cocido frío
- 2 tazas de tomates picados
- 2 pimientos morrones amarillos, sin semillas y picados
- 2 tazas (225 g) de queso cheddar o Monterrey Jack

Aderezo

- ½ taza de salsa de pimienta de Cayena
- ½ taza de aderezo de vinagreta con aceite de oliva
- ½ taza de salsa picante
- ⅓ de taza de hojas de cilantro picadas (opcional)
- 1 diente de ajo picado

Ponga en capas los ingredientes de la ensalada en un tazón de cristal con costados verticales, en el orden que se indica. Coloque los ingredientes del aderezo en el procesador de alimentos. Tape y procese hasta que se incorporen. Refrigere la ensalada y el aderezo por 1 hora. Adorne con cilantro picado adicional, si lo desea. Vierta cucharadas del aderezo sobre la ensalada antes de servir.

Rinde 8 porciones y unas 1½ tazas de aderezo

Tiempo de Preparación: 30 minutos
Tiempo de Enfriado: 1 hora

sensacionales
guarniciones

papas fiesta

1 bolsa (1 kg) de papas estilo hash brown
2 latas (de 300 ml cada una) de crema condensada de papa, sin diluir
2 tazas (450 g) de crema agria
2 tazas (225 g) de queso cheddar rallado
¾ de taza de cebolla morada picada fino
¼ de taza (½ barra) de mantequilla, en trozos
Queso parmesano (opcional)

1. Caliente el horno a 180 °C. Engrase un refractario de 33×23 cm.

2. Combine las papas, la crema de papa, la crema agria, el queso y la cebolla en un recipiente. Con una cuchara, extienda la mezcla en el refractario. Distribuya encima la mantequilla; espolvoree con queso parmesano, si gusta.

3. Cubra con papel de aluminio; hornee por 50 minutos. Retire el aluminio; hornee por 20 minutos o hasta que se dore.

Rinde 10 porciones

brócoli y zanahorias al vapor

450 g de brócoli
12 zanahorias baby*
1 cucharada de mantequilla
Sal y pimienta al gusto

*Puede sustituirlas por 225 g de zanahorias regulares cortadas en trozos de 5 cm.

1. Corte el brócoli en floretes. Corte y deseche los tallos largos y los muy cortos; corte en rebanadas delgadas.

2. Coloque de 5 a 8 cm de agua en una olla y encima ponga la canasta de la vaporera; deje hervir.

3. Agregue el brócoli y las zanahorias; tape. Cueza al vapor por 6 minutos o hasta que las verduras estén crujientes.

4. Acomode las verduras en un platón. Añada la mantequilla; revuelva para cubrir. Sazone al gusto con sal y pimienta.

Rinde 4 porciones

papas fiesta

cacerola de verduras con ajonjolí y miel

1 paquete (450 g) de verduras mixtas, como zanahorias baby, brócoli, cebolla y pimiento rojo, descongeladas y escurridas

3 cucharadas de miel de abeja

1 cucharada de aceite oscuro de ajonjolí

1 cucharada de salsa de soya

2 cucharaditas de semillas de ajonjolí

1. Caliente el horno a 180 °C. Coloque las verduras en un refractario de 1½ litros de capacidad.

2. Combine la miel, el aceite, la salsa de soya y las semillas de ajonjolí; revuelva bien. Vierta sobre las verduras. Hornee de 20 a 25 minutos o hasta que las verduras estén suaves y calientes, revuelva después de 15 minutos. *Rinde de 4 a 6 porciones*

ensalada de espinaca y melón

6 tazas de espinacas trozadas y sin tallo

4 tazas de bolas de melón, como cantaloupe, honeydew y/o sandía

1 taza de calabacita

½ taza de pimiento morrón rojo rebanado

¼ de taza de cebolla morada, en rebanadas delgadas

¼ de taza de vinagre de vino tinto

2 cucharadas de miel de abeja

2 cucharaditas de aceite de oliva

2 cucharaditas de jugo de limón

1 cucharadita de semillas de adormidera

1 cucharadita de menta seca

1. Combine la espinaca, el melón, la calabacita, el pimiento y la cebolla en un tazón grande.

2. Mezcle el vinagre, la miel, el aceite, el jugo de limón, la adormidera y la menta en un frasco chico con tapa hermética; agite. Vierta sobre la ensalada; revuelva para cubrir. *Rinde 6 porciones*

cacerola de verduras con ajonjolí y miel

calabaza con relleno de pan de maíz

1 calabaza Acorn (unos 900 g)
¼ de taza (½ barra) de mantequilla
2 tazas de champiñones picados
1 cebolla mediana picada
1 tallo de apio picado
¾ de taza de relleno de pan de maíz sazonado
¼ de cucharadita de sal
¼ de cucharadita de pimienta negra
2 cucharadas de azúcar morena

1. Caliente el horno a 190 °C. Corte la calabaza en cuartos; quite y deseche las semillas. Coloque la calabaza, con la piel hacia arriba, en un platón para microondas; agregue 1.5 cm de agua. Tape ligeramente con envoltura plástica; caliente a potencia ALTA de 8 a 10 minutos o hasta que esté suave.* Escurra bien.

2. Mientras tanto, derrita 2 cucharadas de mantequilla en una olla a fuego medio. Agregue los champiñones, la cebolla y el apio; cueza y revuelva de 7 a 10 minutos o hasta que se suavicen. Retire del fuego. Añada el relleno, la sal y la pimienta.

3. Ponga la calabaza en un molde para hornear, con el lado cortado hacia arriba. Corone cada cuarto de calabaza con 1½ cucharaditas de mantequilla y 1½ cucharaditas de azúcar. Rellene cada trozo con ½ taza de la mezcla de relleno. Hornee de 25 a 30 minutos o hasta que se dore el relleno.   *Rinde 4 porciones*

*Para cocer en las hornillas de la estufa, ponga la calabaza en cuartos en una olla grande y cúbrala con agua. Cueza por 30 minutos o hasta que esté suave. Escúrrala.

Consejo Práctico: Para llevar esta receta a una reunión, prepare la calabaza como se indica en el paso 1; tape y refrigere por un día. Prepare el relleno como se indica en el paso 2; tape y refrigere por un día. Para servir, rellene la calabaza como se indica en el paso 3; hornee a 190 °C de 25 a 30 minutos. O envuelva el refractario con varias capas de papel de aluminio y envuelva, además, con una toalla o papel de periódico para mantener el plato caliente al transportarlo.

ensalada caliente de champiñones

1 kg de ensalada verde (como espinaca, arúgula, endivia y lechuga romana)
3 cucharadas de aceite de oliva
1 paquete (285 g) de champiñones, lavados y en cuartos
3 chalotes picados
1 diente de ajo machacado
2 cucharadas de cebollín fresco picado
2 cucharadas de jugo de limón y de vinagre balsámico
1 cucharadita de azúcar
1½ tazas de croutones al ajo
   Queso parmesano en virutas delgadas
   Sal y pimienta negra recién molida

Troce la ensalada en piezas de un bocado. Acomódela en 4 platos. En una sartén, caliente el aceite a fuego medio. Agregue los champiñones, el chalote y el ajo; fría y revuelva de 3 a 5 minutos o hasta que los champiñones estén suaves. Añada el cebollín, el jugo, el vinagre y el azúcar; deje hervir por 30 segundos. Con una cuchara, vierta sobre la ensalada. Corone con los croutones y el queso. Sazone al gusto con sal y pimienta.

Rinde de 4 a 6 porciones

espárragos con salsa de ajo y miel

450 g de espárragos
¼ de taza de mostaza Dijon
¼ de taza de cerveza oscura
 3 cucharadas de miel de abeja
½ cucharadita de ajo picado
¼ de cucharadita de tomillo seco machacado
¼ de cucharadita de sal

Ponga los espárragos en agua hirviente con sal; cueza, tapado, por unos 2 minutos o hasta que se suavicen un poco. Escúrralos. Combine la mostaza, la cerveza, la miel, el ajo, el tomillo y la sal; revuelva bien. Vierta sobre los espárragos.

Rinde 4 porciones

arroz salvaje con chabacanos y arándanos secos

½ **taza de arroz salvaje sin cocer**

3 **tazas de consomé de pollo**

1 **taza de jugo de manzana**

¾ **de taza de arroz blanco de grano largo sin cocer**

½ **taza de uvas pasa doradas**

½ **taza de chabacanos (albaricoques) secos picados**

½ **taza de arándanos rojos secos**

2 **cucharadas de mantequilla**

¾ **de taza de cebolla picada**

½ **taza de nueces poco picadas**

⅓ **de taza de perejil fresco picado**

1. Remoje el arroz salvaje bajo el chorro de agua fría, en un colador; escúrralo. Combínelo con 1½ tazas de consomé y el jugo en una olla. Deje hervir a fuego medio-alto. Reduzca el fuego; hierva, tapado, por unos 45 minutos o hasta que el arroz esté suave. Escúrralo.

2. Mientras tanto, combine el arroz blanco y 1½ tazas de consomé en otra olla. Deje hervir a fuego medio-alto. Reduzca el fuego; hierva, tapado, de 12 a 15 minutos.

3. Revuelva las pasas, los chabacanos y los arándanos con el arroz blanco; hierva por 5 minutos hasta que el arroz esté suave y esponjoso, y el líquido se absorba. Retire del fuego. Deje reposar, tapado, por 5 minutos o hasta que la fruta esté suave.

4. Derrita la mantequilla en una sartén a fuego medio. Añada la cebolla; fría de 5 a 6 minutos o hasta que se suavice. Agregue las nueces. Fría por 2 minutos.

5. Incorpore el arroz salvaje y el blanco a la sartén. Ponga el perejil; cueza por unos 2 minutos a fuego medio o hasta que esté caliente.

Rinde de 6 a 8 porciones

fácil ensalada de verano

2 pimientos morrones verdes o rojos, en trozos

2 calabazas medianas, cortadas a lo largo en rebanadas delgadas

360 g de champiñones, lavados y en cuartos

3 zanahorias, en rebanadas delgadas

1⅓ tazas de cebollas fritas

¼ de taza de albahaca fresca picada

2 cucharadas de aceite de oliva

Sal y pimienta negra al gusto

2 cubos de hielo

1 bolsa grande para hornear de papel de aluminio

1. Revuelva todos los ingredientes en un tazón. Abra la bolsa; con una cuchara, vacíe la mezcla en la bolsa. Selle la bolsa. Coloque la bolsa en una charola para hornear.

2. Ponga la bolsa sobre el asador a fuego medio-alto. Tape el asador y cueza por 15 minutos o hasta que las verduras estén suaves; voltee la bolsa una vez.

3. Regrese la bolsa a la charola y, con cuidado, corte la parte superior para abrirla. Añada más cebollas fritas, si lo desea.

Rinde de 4 a 6 porciones

Tiempo de Preparación: 10 minutos
Tiempo de Cocción: 15 minutos

verduras asadas estilo fiesta

1 lata (120 g) de chiles verdes en escabeche picados
3 cucharadas de vinagre
2 cucharadas de aceite vegetal
40 g de sazonador para taco
1 pimiento morrón rojo chico, en tiras
1 calabaza mediana, en rebanadas de 1.5 cm
1 camote (batata) chico, pelado, en mitades y en rebanadas de 0.5 cm
1 cebolla morada, en gajos

COMBINE los chiles, el vinagre, el aceite y el sazonador en un tazón; revuelva bien. Agregue el pimiento, la calabaza, el camote y la cebolla; revuelva bien para cubrir. Deje reposar 15 minutos.

CALIENTE el horno a 230 °C. Forre un molde de 38×25 cm con papel de aluminio y rocíelo con aceite.

COLOQUE las verduras en el molde con una cuchara.

HORNEE de 20 a 25 minutos hasta que estén suaves y se doren; revuelva una vez.

Rinde 4 porciones (de 1 taza cada una)

calabaza con corbata

¼ de taza de aceite vegetal
1 taza de cebolla picada
2 dientes de ajo picados
5 calabazas chicas, en tiras delgadas
⅔ de taza de crema batida
450 g de corbata de pasta, cocida y escurrida
3 cucharadas de queso parmesano rallado

Caliente el horno a 180 °C. Caliente el aceite en una sartén grande a fuego medio-alto. Agreguc la cebolla y el ajo; cueza y revuelva hasta que la cebolla esté suave. Añada la calabaza; cueza hasta que se suavice. Incorpore la crema; revuelva hasta que se espese. Ponga la pasta y el queso en la sartén. Sazone con sal y pimienta al gusto. Pase la mezcla a un refractario de 2 litros de capacidad. Tape y hornee por 15 minutos o hasta que esté bien caliente.

Rinde 8 porciones

44

risotto horneado con espárragos, espinaca y parmesano

1 cucharada de aceite de oliva
1 taza de cebolla finamente picada
1 taza de arroz arborio
8 tazas (de 225 a 285 g) de espinacas trozadas y sin tallos
2 tazas de consomé de pollo
¼ de cucharadita de sal
¼ de cucharadita de nuez moscada molida
½ taza de queso parmesano rallado
1½ tazas de espárragos, en rebanadas diagonales

1. Caliente el horno a 200 °C. Rocíe un refractario de 33×23 cm con aceite en aerosol.

2. Caliente el aceite en una sartén grande a fuego medio-alto. Agregue la cebolla; fría por 4 minutos o hasta que esté suave. Ponga el arroz; revuelva para bañarlo con el aceite.

3. Añada la espinaca, un puño a la vez, y ponga más conforme se marchite. Incorpore el consomé, la sal y la nuez moscada. Reduzca el fuego y hierva por 7 minutos. Revuelva con ¼ de taza de queso.

4. Transfiera al refractario. Tape ligeramente y hornee por 15 minutos.

5. Retire del horno; añada los espárragos. Espolvoree el queso restante. Tape y hornee por 15 minutos o hasta que se absorba el líquido. *Rinde de 10 a 12 porciones*

risotto horneado con espárragos, espinaca y parmesano

crujiente ensalada mexicana

3 tazas de lechugas romana y iceberg
½ taza de tomatitos, en mitades
½ taza de jícama pelada y en cubos
¼ de taza de aceitunas rebanadas
¼ de taza de chiles jalapeños en escabeche, en cuartos
2 cucharadas de salsa para taco
1 cucharada de aceite vegetal
⅛ de cucharadita de sal
   Totopos en trozos (opcional)

REVUELVA la lechuga, los tomatitos, la jícama, las aceitunas y los chiles en un tazón grande.

COMBINE la salsa, el aceite y la sal en un recipiente. Revuelva con un tenedor hasta que se incorporen.

VIERTA sobre la ensalada; revuelva para bañarla. Corone con los trozos de totopo, si lo desea.

Rinde 4 porciones (de 1 taza cada una)

camotes a las hierbas con tocino y cebolla

3 rebanadas delgadas de tocino (beicon) ahumado, picadas
900 g de camotes (batatas), pelados y en trozos de 5 cm
2 cebollas medianas, en 8 gajos
1 cucharadita de sal y de tomillo seco
¼ de cucharadita de pimienta negra

Caliente el horno a 190 °C. Fría el tocino en una sartén profunda hasta que esté crujiente. Retire del fuego. Póngalo sobre toallas de papel. Agregue los camotes y las cebollas a la grasa de la sartén; báñelos bien. Añada la sal, el tomillo y la pimienta. Acomode la mezcla en una capa en un molde de 38×25×2.5 cm, sin engrasar. Hornee de 40 a 50 minutos o hasta que se dore y esté suave. Ponga las verduras en un tazón; espolvoree el tocino.

Rinde de 10 a 12 porciones

crujiente ensalada mexicana

ejotes con nueces tostadas

3 cucharadas de margarina, derretida
1 cucharadita de azúcar
¼ de cucharadita de ajo en polvo con perejil
   Pizca de pimienta roja molida
   Sal al gusto
⅓ de taza de nueces picadas
450 g de ejotes (judías verdes)

En un tazón, revuelva la margarina, el azúcar, el ajo en polvo, la pimienta y la sal.

En una sartén antiadherente de 30 cm, caliente 2 cucharadas de la mezcla de ajo, a fuego medio-alto, y añada las nueces; revuelva con frecuencia por 2 minutos o hasta que las nueces se doren. Retírelas.

En la misma sartén, caliente la mezcla de ajo y los ejotes. Cueza, tapado, a fuego medio, revolviendo de vez en cuando, por 6 minutos o hasta que los ejotes estén suaves. Agregue las nueces.   *Rinde 4 porciones*

calabaza espagueti sureña

1 calabaza espagueti (de unos 1.350 kg)
1 lata (de unos 400 g) de tomates cocidos, sin escurrir
1 lata (de unos 400 g) de frijoles (judías) negros, enjuagados y escurridos
¾ de taza (90 g) de queso Monterrey Jack rallado
¼ de taza de cilantro finamente picado
1 cucharadita de comino molido
¼ de cucharadita de sal de ajo y de pimienta negra

Caliente el horno a 180 °C. Rocíe con aceite en aerosol un molde para hornear antiadherente de 1½ litros de capacidad. Corte la calabaza por la mitad a lo largo. Retire y deseche las semillas. Coloque la calabaza en el molde con el lado cortado hacia abajo. Hornee de 45 minutos a 1 hora o justo hasta que esté suave. Con un tenedor, deshebre la calabaza cuando esté caliente; colóquela en un tazón grande. (Use guantes para protegerse las manos.) Agregue los tomates con su jugo, los frijoles, ½ taza de queso, el cilantro, el comino, la sal de ajo y la pimienta; revuelva bien. Con una cuchara, vacíe en el molde que preparó. Espolvoree el queso restante. Hornee, sin tapar, de 30 a 35 minutos o hasta que esté caliente.   *Rinde 4 porciones*

ejotes con nueces tostadas

papas y cebolla al horno a las hierbas

1.350 kg de papas (patatas) rojas sin pelar, en cubos de 2 cm
1 cebolla grande, en trozos grandes
3 cucharadas de aceite de oliva
2 cucharadas de mantequilla, derretida
3 dientes de ajo picados
¾ de cucharadita de sal
¾ de cucharadita de pimienta negra
⅓ de taza de hierbas frescas picadas, como albahaca, cebollín, perejil, orégano, romero, salvia, estragón y tomillo

1. Caliente el horno a 230 °C. Acomode las papas y la cebolla en un molde grande para rostizar, forrado con papel de aluminio.

2. Combine el aceite, la mantequilla, el ajo, la sal y la pimienta en un recipiente. Vierta sobre las papas y la cebolla; revuelva para cubrir.

3. Hornee por 30 minutos. Revuelva; hornee por 10 minutos. Agregue las hierbas; revuelva bien. Continúe el horneado de 10 a 15 minutos o hasta que las verduras estén suaves y doradas. *Rinde 6 porciones*

pilaf mediterráneo de orzo y verduras

½ taza más 2 cucharadas de orzo (lengüita de pasta) sin cocer

2 cucharaditas de aceite de oliva

1 cebolla chica, en cubos

2 dientes de ajo picados

1 calabaza chica, en cubos

½ taza de consomé de pollo con poca sal

1 lata (de unos 400 g) de corazones de alcachofa, escurridos y en cuartos

1 tomate mediano picado

½ cucharadita de orégano seco

½ cucharadita de sal

¼ de cucharadita de pimienta negra

½ taza de queso feta desmoronado

Aceitunas negras rebanadas (opcional)

1. Cueza el orzo de acuerdo con las instrucciones del empaque, sin sal. Escurra y mantenga caliente.

2. Caliente el aceite en una sartén antiadherente a fuego medio. Agregue la cebolla; cueza por unos 5 minutos o hasta que se suavice. Añada el ajo y cueza por 1 minuto.

3. Incorpore la calabaza y el consomé a la sartén. Reduzca el fuego; hierva por unos 5 minutos o hasta que la calabaza esté suave pero crujiente.

4. Agregue el orzo, las alcachofas, el tomate, el orégano, la sal y la pimienta a la sartén; cueza por 1 minuto o hasta que esté caliente. Espolvoree cada porción con el queso. Corone con las aceitunas.

Rinde 6 porciones

Tiempo de Preparación: 15 minutos
Tiempo de Cocción: 10 minutos

papas rellenas de dos tonos

- 3 papas (patatas) grandes (de 360 g cada una)
- 2 camotes (batatas) (de 360 g cada uno) de pulpa oscura
- 3 rebanadas de tocino (beicon), cortadas por la mitad en diagonal
- 2 tazas de cebollas picadas
- ⅔ de taza de leche mazada
- ¼ de taza (½ barra) de mantequilla, en trozos chicos
- ¾ de cucharadita de sal

1. Caliente el horno a 230 °C. Pique las papas y los camotes con un tenedor varias veces. Hornee directamente en la parrilla por 45 minutos o hasta que estén suaves. Deje reposar hasta que pueda manejarlos. Reduzca la temperatura a 180 °C.

2. Mientras tanto, cueza el tocino en una sartén, a fuego medio-alto, de 6 a 8 minutos o hasta que esté crujiente. Retire del fuego; transfiera a toallas de papel con una cuchara ranurada.

3. Agregue las cebollas a la grasa de la sartén; cueza por unos 12 minutos a fuego medio-alto o hasta que se doren. Retire de la sartén. Añada la leche a la sartén; raspe para desprender los residuos. Ponga la mantequilla; revuelva hasta que se derrita.

4. Corte las papas por la mitad a lo largo con un cuchillo afilado; con cuidado, quite la pulpa y póngala en un recipiente. Conserve las cortezas. Agregue tres cuartos de la mezcla de leche, ½ cucharadita de sal y tres cuartos de las cebollas. Machaque con un machacador de papas hasta que esté uniforme.

5. Corte los camotes por la mitad a lo largo con un cuchillo afilado; con cuidado, quite la pulpa y póngala en otro recipiente. Deseche las cortezas. Agregue la mezcla de leche, la sal y las cebollas restantes. Machaque con un machacador de papas hasta que se incorporen.

6. Rellene la mitad de las cortezas de papa con la mezcla de papa; rellene la otra mitad con la mezcla de camote. Corone cada papa rellena con 1 rebanada de tocino. Ponga las papas en una charola para hornear y hornee por 15 minutos o hasta que estén bien calientes. *Rinde 6 porciones*

consejo | Estas papas rellenas pueden prepararse y congelarse con varias semanas de antelación. Recaliente las papas congeladas en el horno a 180 °C, de 75 a 90 minutos. Si las papas fueron preparadas y refrigeradas unos días antes, recaliéntelas en el horno a 180 °C por 25 minutos.

ensalada mesclun con vinagreta de arándanos

sensacionales guarniciones

Aderezo

- ⅓ de taza de aceite de oliva extra virgen
- 3 cucharadas de vinagre de champaña o de jerez
- 1 cucharada de mostaza Dijon
- ¾ de cucharadita de sal
- ¼ de cucharadita de pimienta negra
- ½ taza de arándanos rojos secos

Ensalada

- 10 tazas (285 g) de ensalada verde
- 120 g de queso de cabra, desmoronado
- ½ taza de nueces, poco picadas y tostadas*

*Para tostar las nueces, distribúyalas en una sola capa en una charola para hornear. Hornee a 180 °C de 8 a 10 minutos o hasta que se doren; revuelva con frecuencia.

1. Para el aderezo, bata juntos el aceite, el vinagre, la mostaza, la sal y la pimienta. Agregue los arándanos. Tape y refrigere durante 30 minutos por lo menos, o hasta por 24 horas antes de servir.

2. Para la ensalada, combine la ensalada verde, el queso y las nueces en un tazón. Vuelva a batir el aderezo y viértalo sobre la ensalada; revuelva bien. *Rinde 8 porciones*

relleno sureño de pan de maíz y nueces

5 tazas de relleno de pan de maíz seco
1 paquete de sopa de poro (puerro) en polvo
½ taza (1 barra) de margarina baja en grasa
1 taza de nueces poco picadas
1 paquete (285 g) de maíz, descongelado y escurrido
1 taza de agua caliente
1 taza de jugo de naranja

1. Caliente el horno a 180 °C. En un recipiente, combine el relleno y la sopa.

2. En una sartén de 20 cm, derrita la margarina a fuego medio y fría las nueces por 5 minutos; revuelva de vez en cuando.

3. Agregue el maíz, el agua, el jugo y las nueces a la mezcla de relleno; revuelva hasta que se humedezca. Con una cuchara, vacíe en un refractario de 2 litros de capacidad, rociado con aceite en aerosol.

4. Tape y hornee por 30 minutos o hasta que esté bien caliente. *Rinde 8 porciones*

Tiempo de Preparación: 5 minutos
Tiempo de Cocción: 35 minutos

sensacionales guarniciones

cacerola de camote

Cubierta (receta más adelante)
1.350 kg de camotes (batatas), cocidos y pelados*
½ **taza (1 barra) de mantequilla, suavizada**
½ **taza de azúcar**
½ **taza de leche evaporada**
2 **huevos batidos**
1 **cucharadita de vainilla**
1 **taza de nueces picadas**

*Para una preparación más rápida, sustitúyalos por camotes enlatados.

1. Caliente el horno a 180 °C. Engrase 8 refractarios individuales para hornear de 15 cm o un refractario de 33×23 cm. Prepare la Cubierta.

2. Machaque los camotes y la mantequilla en un recipiente. Bata con la batidora eléctrica a velocidad media, hasta que esté ligero y esponjoso.

3. Agregue el azúcar, la leche, los huevos y la vainilla; bata después de cada adición. Vierta en los refractarios. Con una cuchara, ponga la Cubierta sobre el camote; corone con las nueces.

4. Hornee de 20 a 25 minutos o hasta que esté listo. *Rinde de 8 a 10 porciones*

Cubierta: Combine 1 taza de azúcar morena, ½ taza de harina de trigo y ⅓ de taza de mantequilla derretida en un recipiente; revuelva bien.

ensalada de verduras asadas

1 taza de pimiento morrón verde o amarillo

1 taza de tomates cherry, en mitades

1 taza de zanahorias, en rebanadas delgadas

1 taza de champiñones rebanados

½ taza de cebolla picada

2 cucharadas de aceitunas negras sin hueso, picadas

2 cucharaditas de jugo de limón

1 cucharadita de aceite de oliva

1 cucharadita de orégano seco

½ cucharadita de pimienta negra

1 cucharadita de azúcar (opcional)

3 tazas de espinacas trozadas y sin tallos

1. Caliente el horno a 190 °C. Combine el pimiento, los tomates, las zanahorias, los champiñones, la cebolla, las aceitunas, 1 cucharadita de jugo de limón, el aceite, el orégano y la pimienta negra en un recipiente; revuelva para cubrir. Distribuya las verduras en una sola capa en una charola para hornear.

2. Hornee por 20 minutos; revuelva una vez. Retire del horno; revuelva con el jugo de limón restante y el azúcar, si lo desea. Sirva caliente sobre la espinaca.

Rinde 2 porciones

verduras al gratín

2 cucharadas de aceite de oliva

3 calabazas chicas o 1 grande, en rebanadas de 0.5 cm

⅛ de cucharadita de sal

⅛ de cucharadita de tomillo

⅛ de cucharadita de romero

⅛ de cucharadita de pimienta negra recién molida

195 g de queso untable sabor verduras

2 tazas de floretes de brócoli fresco

2 calabazas amarillas chicas, en rebanadas

1 cebolla chica, en rebanadas

1 taza de galletas integrales machacadas

- Caliente el horno a 180 °C. Ponga el aceite en un refractario poco profundo.

- Coloque la calabaza en una sola capa en el refractario.

- Sazone la calabaza con la mitad de la sal, del tomillo, del romero y de la pimienta.

- Distribuya encima 3 cucharadas de queso.

- Acomode en capas el brócoli, la calabaza amarilla, la cebolla y el queso restante hasta llenar el refractario.

- Espolvoree con la galleta; cubra con papel de aluminio. Hornee por 20 minutos.

- Retire el papel; hornee durante 20 minutos más. Dore ligeramente bajo el asador de 1 a 2 minutos. Sirva caliente o a temperatura ambiente.

Rinde de 6 a 8 porciones

Nota: Esta receta es una manera deliciosa de comer verduras. Es genial con pollo asado o carne.

festivas
entradas

pollo toscano

- 6 papas (patatas) rojas medianas, lavadas y en rebanadas de 0.5 cm
- 360 g de champiñones shiitake, cremini, chanterelle y/o botón, rebanados
- 4 cucharadas de aceite de oliva
- 4 cucharadas de queso parmesano rallado
- 3 cucharaditas de ajo picado
- 3 cucharaditas de romero fresco picado *o* 1½ cucharaditas de romero seco
- Sal y pimienta negra al gusto
- 1.350 kg de piezas de pollo

Caliente el horno a 220 °C. Seque las papas con toallas de papel. Bañe las papas y los champiñones con 2½ cucharadas de aceite, 2 cucharadas de queso, 2 cucharaditas de ajo, 2 cucharaditas de romero, ½ cucharadita de sal y ¼ de cucharadita de pimienta. En un refractario de 33×23 cm, acomode las papas y los champiñones, en una sola capa; corone con las 2 cucharadas restantes de queso. Hornee por 15 minutos o hasta que las papas estén un poco doradas.

Mientras tanto, en una sartén antiadherente, a fuego medio, caliente las 1½ cucharadas restantes de aceite. Agregue el pollo. Sazone un poco con sal y pimienta; espolvoree con el romero y el ajo restantes. Cueza el pollo de 5 a 6 minutos de cada lado o hasta que se dore. (No amontone el pollo; si es necesario, cuézalo en dos tandas.)

Acomode el pollo sobre la mezcla de papa; bañe con el resto de la grasa de la sartén y regrese al horno. Hornee de 20 a 25 minutos o hasta que el pollo no esté rosado en el centro. Sirva el pollo, las papas y los champiñones con ensalada verde, si lo desea.

Rinde 6 porciones

festivas
entradas

camarón criollo

  2 cucharadas de aceite de oliva

1½ tazas de pimiento morrón verde picado

  1 cebolla mediana picada

⅔ de taza de apio picado

  2 dientes de ajo finamente picados

  1 taza de arroz sin cocer

  1 lata (de unos 400 g) de tomates picados, escurridos; conserve el jugo

  2 cucharaditas de salsa picante, o al gusto

  1 cucharadita de orégano seco

¾ de cucharadita de sal

½ cucharadita de tomillo seco

    Pimienta negra

450 g de camarón crudo mediano, pelado y desvenado

  1 cucharada de perejil fresco picado (opcional)

1. Caliente el horno a 160 °C. Caliente el aceite en una sartén grande a fuego medio-alto. Agregue el pimiento, la cebolla, el apio y el ajo; fría por 5 minutos o hasta que las verduras estén suaves.

2. Reduzca el fuego a medio. Incorpore el arroz; cueza por 5 minutos. Añada los tomates, la salsa, el orégano, la sal, el tomillo y la pimienta; revuelva. Vierta el jugo de los tomates en una taza medidora y llene con agua hasta obtener 1¾ tazas de líquido; vacíe en la sartén. Cueza por 2 minutos.

3. Transfiera la mezcla a un refractario de 2½ litros de capacidad. Añada el camarón. Hornee, tapado, por 55 minutos o hasta que el arroz esté suave y se absorba el líquido. Adorne con perejil.

Rinde de 4 a 6 porciones

chuletas de cerdo estofadas al durazno

1 cucharada de aceite vegetal

1 cebolla chica finamente picada

360 g de mermelada de durazno (melocotón)

⅔ de taza de mostaza con miel

2 cucharaditas de raíz de jengibre pelada y rallada

¼ de cucharadita de nuez moscada molida

6 chuletas de cerdo, de 2.5 cm de grosor

1. Caliente el aceite en una olla; saltee la cebolla hasta que se suavice. Añada la mermelada, la mostaza, el jengibre y la nuez moscada. Ponga a hervir por 5 minutos o hasta que los sabores se combinen. Transfiera ¾ de taza de la salsa a un tazón, para barnizar. Reserve el resto de la salsa; manténgala caliente.

2. Ase las chuletas a fuego medio directo por 20 minutos o hasta que esté poco rosada en el centro; voltee y barnice con la salsa varias veces.

3. Sirva las chuletas con la salsa que reservó. *Rinde 6 porciones*

Método Alterno: Dore las chuletas en una sartén. Vierta la mezcla de durazno sobre las chuletas y deje hervir hasta que la carne ya no esté rosada en el centro.

carne rellena

1 taza de vino tinto seco

¼ de taza de salsa de soya

2 dientes de ajo picados

1 bistec grande de espaldilla de res (675 a 900 g)

1 taza de espinacas picadas, descongeladas y exprimidas

1 frasco (210 g) de pimientos rojos asados, escurridos y picados

½ taza de blue cheese desmoronado

Sal y pimienta negra

continúa en la página 70

chuletas de cerdo estofadas al durazno

1. Combine el vino, la salsa de soya y el ajo en un recipiente. Ponga la carne en una bolsa de plástico; vierta la marinada en la carne. Selle la bolsa; marine en el refrigerador por 2 horas.

2. Caliente el horno a 180 °C. Combine la espinaca, los pimientos y el queso en un recipiente. Retire la carne de la marinada; reserve la marinada. Seque la carne con toallas de papel y colóquela en la superficie de trabajo.

3. Con una cuchara, ponga la mezcla de espinaca a lo largo, a dos tercios de la carne. Enrolle la carne para envolver el relleno; asegúrela con palillos o hilo.

4. Sazone con sal y pimienta; colóquela en un molde para hornear, con el lado unido hacia abajo. Hornee de 30 a 40 minutos para término medio o hasta el término que desee; bañe dos veces con la marinada que reservó. No bañe durante los últimos 10 minutos de cocción. Deje reposar la carne por unos 10 minutos antes de rebanar.

Rinde 6 porciones

pescado asado con salsa de chile y maíz

   1 **taza de maíz cocido**
   1 **tomate grande, sin semillas y picado**
  ¼ **de taza de cebollín, en rebanadas delgadas**
  ¼ **de taza de chiles verdes en escabeche, escurridos**
   1 **cucharada de cilantro fresco poco picado**
   1 **cucharada de jugo de limón**
   4 **cucharaditas de aceite de oliva**
  ⅛ **de cucharadita de comino molido**
    Sal y pimienta negra
675 g de filetes de pescado de textura firme, como hipogloso o salmón, de 2.5 cm de grosor

Combine el maíz, el tomate, el cebollín, los chiles, el cilantro, el jugo de limón, 2 cucharaditas de aceite y el comino; mezcle bien. Sazone con sal y pimienta. Deje reposar a temperatura ambiente por 30 minutos. Barnice el pescado con las 2 cucharaditas de aceite restantes; sazone con sal y pimienta. Engrase la parrilla. Prepare el asador para cocción directa. Acomode el pescado sobre la parrilla a 10 o 15 cm de la fuente de calor. Cueza de 4 a 5 minutos de cada lado o hasta que el pescado esté a punto de desmenuzarse. Sírvalo con salsa.

Rinde 4 porciones

pescado asado con salsa de
chile y maíz

fettuccine gorgonzola con tomate

120 g de tomates deshidratados (no empacados en aceite)
225 g de fettuccini de espinaca o tricolor, sin cocer
1 taza de queso cottage
½ taza de yogur natural
½ taza (60 g) de queso gorgonzola desmoronado, más un poco para adornar
⅛ de cucharadita de pimienta blanca

1. Coloque los tomates en un recipiente; vierta agua caliente hasta cubrirlos. Deje reposar por 15 minutos o hasta que suavicen. Escúrralos; corte en tiras. Cueza la pasta de acuerdo con las indicaciones del empaque; omita la sal. Escurra bien. Tape y mantenga caliente.

2. Mientras tanto, procese el queso cottage y el yogur en el procesador de alimentos hasta que se incorporen. Caliente la mezcla de queso cottage en una sartén a fuego bajo. Agregue el queso y la pimienta; revuelva hasta que el queso se derrita.

3. Añada la pasta y los tomates a la sartén; revuelva para bañarla con la salsa. Espolvoree con queso adicional, si lo desea. Sirva de inmediato.
Rinde 4 porciones

jamón glaseado con arándanos

2.250 a 2.700 kg de jamón cocido rebanado
¾ de taza de salsa de arándanos rojos
¼ de taza de mostaza Dijon
1 cucharadita de canela molida
¼ de cucharadita de pimienta inglesa molida

1. Caliente el horno a 150 °C. Coloque el jamón en una charola para hornear forrada con papel de aluminio. Combine la salsa, la mostaza, la canela y la pimienta; revuelva bien. Unte la mitad de la mezcla en la parte superior del jamón. (El glasé se derretirá y se extenderá durante la cocción.)

2. Hornee por 1 hora; unte el resto de la mezcla de arándanos sobre el jamón. Hornee durante 1 hora más o menos, o hasta que la temperatura interna de la carne alcance los 60 °C. Pase el jamón a una tabla para trinchar; deje reposar por 5 minutos antes de rebanar.
Rinde de 10 a 12 porciones

cerdo mojo con salsa de naranja-manzana

1 cucharada de ajo picado
2 cucharadas de aceite de oliva
½ taza de salsa picante con chile y limón
½ taza de jugo de naranja
2 cucharadas de ralladura de cáscara de naranja
¼ de taza de cilantro fresco picado
2 cucharadas de chile en polvo
1 cucharadita de orégano seco
900 g de solomillo de cerdo sin hueso
½ taza de crema agria
Salsa de Naranja-Manzana (receta más adelante)

1. Saltee el ajo en aceite caliente; deje enfriar. Con cuidado, agregue la salsa con chile y limón, el jugo, la ralladura, el cilantro, el chile en polvo y el orégano. Reserve ¼ de taza de la marinada.

2. Ponga la carne en una bolsa de plástico. Vierta el resto de la marinada sobre la carne. Selle la bolsa; marine en el refrigerador de 1 a 3 horas. Combine la marinada que reservó con la crema; refrigere.

3. Ase la carne a fuego directo medio-alto por 30 minutos o hasta que el centro ya no esté rosado. Rebane la carne y bañe con la crema. Sirva con la Salsa de Naranja-Manzana. *Rinde de 6 a 8 porciones*

salsa de naranja-manzana

3 naranjas peladas, en gajos cortados en trozos chicos
2 manzanas grandes, descorazonadas y en cubos
2 cucharadas de cebolla morada picada
2 cucharadas de cilantro fresco picado
2 cucharadas de salsa picante con chile y limón

Combine todos los ingredientes en un tazón; enfríe hasta el momento de servir.

Rinde unas 3 tazas de salsa

festivas entradas

brochetas de pollo mediterráneas

900 g de pechugas de pollo, deshuesadas y sin piel, en trozos de 2.5 cm
1 berenjena chica, pelada y en trozos de 2.5 cm
1 calabaza mediana, cortada a lo ancho en trozos de 1.5 cm
2 cebollas medianas, en 8 gajos
16 champiñones medianos, sin tallos
16 tomates cherry
1 taza de consomé de pollo con poca sal
⅔ de taza de vinagre balsámico
3 cucharadas de aceite de oliva
2 cucharadas de menta seca
4 cucharaditas de albahaca seca
1 cucharada de orégano seco
2 cucharaditas de ralladura de cáscara de limón
Perejil fresco picado (opcional)
4 tazas de couscous cocido caliente

1. Ensarte de manera alternada el pollo, la berenjena, la calabaza, la cebolla, los champiñones y los tomates, en 16 brochetas de metal; colóquelas en un refractario grande de cristal.

2. Combine el consomé, el vinagre, el aceite, la menta, la albahaca y el orégano en un recipiente chico; vierta sobre las brochetas. Tape y marine en el refrigerador por 2 horas, voltéelas de vez en cuando. Retire las brochetas de la marinada; deseche la marinada.

3. Caliente el asador. Ase las brochetas a 12 cm de la fuente de calor, de 10 a 15 minutos o hasta que el pollo ya no esté rosado en el centro; voltéelas a la mitad del tiempo de cocción.

4. Agregue la ralladura y el perejil, si lo desea, al couscous; sirva con las brochetas.   *Rinde 8 porciones*

consejo | Estas brochetas también pueden asarse al carbón. Rocíe la parrilla con aceite en aerosol y luego prepare el asador para cocción directa. Ase las brochetas, tapadas, con el carbón a fuego medio-alto, de 10 a 15 minutos o hasta que el pollo ya no esté rosado en el centro. Voltee las brochetas a la mitad del tiempo de cocción.

gallinitas glaseadas

2 gallinitas de Cornualles descongeladas o frescas (de 675 g cada una)
3 cucharadas de jugo fresco de limón
1 diente de ajo picado
¼ de taza de mermelada de naranja
1 cucharada de mostaza de grano grueso
2 cucharaditas de jengibre fresco rallado

1. Retire las vísceras de las cavidades de las gallinitas; consérvelas para otro uso o deséchelas. Abra las gallinitas por la mitad con un cuchillo afilado, a través de la pechuga y la columna. Enjuáguelas con agua fría y séquelas con toallas de papel. Colóquelas en una bolsa de plástico.

2. Combine el jugo y el ajo en un recipiente; vierta sobre las gallinitas. Selle la bolsa; báñelas bien. Marine en el refrigerador por 30 minutos. Mientras tanto, prepare el asador para cocción directa.

3. Escurra las gallinitas; deseche la marinada. Colóquelas, con la piel hacia arriba, sobre el asador. Ase, tapado, sobre el carbón a fuego medio-alto, por 20 minutos.

4. Mientras tanto, combine la mermelada, la mostaza y el jengibre en un recipiente. Barnice las gallinitas con la mitad de la mezcla de mermelada. Ase, tapado, por 10 minutos. Barnícelas con la mezcla restante. Ase, tapado, de 5 a 10 minutos o hasta que los jugos salgan claros, no rosados. *Rinde 4 porciones*

festivas entradas

pescado asado a la pimienta-limón

3 cucharadas de granillo de sabores
1 cucharada de lemon pepper (especia)
1 cucharada de jugo de limón
2 cucharaditas de miel de abeja
450 g de filetes de pescado blanco sin espinas

Combine los primeros 4 ingredientes en un recipiente; revuelva bien. Ase el pescado de 12 a 15 cm de la fuente de calor, por unos 5 minutos; voltéelo una vez. Espolvoree la mezcla de lemon pepper. Ase de 4 a 5 minutos más. *Rinde 4 porciones*

Tiempo de Preparación y Cocción: 15 minutos

carne al ajo con ajonjolí

1 **espaldilla de res (de unos 565 g)**
2 **cucharadas de salsa de soya**
2 **cucharadas de salsa hoisin**
1 **cucharada de aceite oscuro de ajonjolí**
2 **dientes de ajo picados**

1. Con un cuchillo afilado, marque ligeramente la carne en forma de diamantes, por ambos lados; colóquela en una bolsa de plástico.

2. Combine el resto de los ingredientes en un recipiente; vierta sobre la carne. Selle la bolsa; voltéela para bañar la carne. Marine en el refrigerador durante 2 horas por lo menos o hasta por 24 horas; voltéela una vez.

3. Escurra la carne; reserve la marinada. Ase la carne a fuego medio de 13 a 18 minutos para término medio o al término deseado; voltéela y barnícela con la marinada a la mitad del tiempo de cocción. Deseche el resto de la marinada.

4. Transfiera a una tabla para trinchar; corte en rebanadas a través de la fibra.   *Rinde 4 porciones*

escalopas encebolladas

¼ **de taza de harina de trigo**
½ **cucharadita de tomillo seco y de pimentón**
¼ **de cucharadita de pimienta roja molida**
450 **g de escalopas, enjuagadas y secas**
2 **cucharaditas de aceite de oliva extra virgen**
¼ **de taza de cebollines finamente picados**
¼ **de taza de vino blanco seco o consomé de pollo con poca sal**
2 **cucharadas de jugo de limón**
2 **cucharadas de mantequilla**
½ **cucharadita de sal**
2 **cucharadas de perejil fresco picado**

continúa en la página 80

carne al ajo con ajonjolí

festivas entradas

escalopas encebolladas, continuación

1. Combine la harina, el tomillo, el pimentón y la pimienta en un recipiente poco profundo; revuelva bien. Agregue las escalopas y cúbralas bien. Sacuda el exceso de harina.

2. Caliente el aceite en una sartén antiadherente de 30 cm a fuego medio-alto. Agregue las escalopas y cueza por 2 minutos. Voltéelas y cueza por 2 minutos o hasta que se opaquen. Transfiera las escalopas a un platón; ponga encima el cebollín.

3. Vierta el vino y el jugo de limón a la sartén. Deje hervir por 1 minuto o hasta que el líquido se reduzca un poco; raspe los residuos del fondo de la sartén. Retire del fuego. Añada la mantequilla y la sal, y deje que se derrita. Vierta sobre la carne; espolvoree con perejil.   *Rinde 4 porciones*

paella rápida

   1 cucharada de aceite de oliva
   1 cebolla grande picada
   2 dientes de ajo picados
   1 frasco (500 ml) de salsa
   1 lata (de unos 400 g) de tomates picados
   1 lata (de unos 400 g) de corazones de alcachofa, escurridos y en cuartos
400 ml de consomé de pollo
225 g de arroz amarillo sin cocer
   1 lata (360 g) de atún blanco, escurrido y desmenuzado
   1 bolsa (de 250 a 285 g) de chícharos (guisantes)
   2 cucharadas de cebollín finamente picado (opcional)
   2 cucharadas de pimiento morrón rojo finamente picado (opcional)

1. Caliente el aceite en una sartén antiadherente a fuego medio. Agregue la cebolla y el ajo; cueza y revuelva por unos 5 minutos o hasta que la cebolla esté suave.

2. Agregue la salsa, los tomates con su jugo, las alcachofas, el consomé y el arroz. Deje hervir; tape. Reduzca el fuego; deje hervir por 15 minutos.

3. Añada el atún y los chícharos. Tape; cueza de 5 a 10 minutos o hasta que el arroz esté listo, y el atún y los chícharos estén calientes. Ponga cebollín y pimiento en cada porción.   *Rinde de 4 a 6 porciones*

paella rápida

berenjena parmesana

2 huevos batidos

¼ de taza de leche

Pizca de ajo en polvo

Pizca de cebolla en polvo

Pizca de sal

Pizca de pimienta negra

½ taza de pan molido sazonado

1 berenjena grande, en rebanadas de 1.5 cm

Aceite vegetal para freír

1 frasco (de unos 780 ml) de salsa para pasta

4 tazas (450 g) de queso mozzarella rallado

2½ tazas (285 g) de queso suizo rallado

¼ de taza de queso parmesano rallado

¼ de taza de queso romano rallado

1. Caliente el horno a 180 °C. Combine los huevos, la leche, el ajo, la cebolla, la sal y la pimienta en un recipiente poco profundo. Coloque el pan en otro recipiente poco profundo. Sumerja la berenjena en la mezcla de huevo; empanícela.

2. Caliente 0.5 cm de aceite en una sartén grande a fuego medio-alto. Dore la berenjena por ambos lados en tandas; escurra sobre toallas de papel.

3. Cubra el fondo de un molde para hornear de 33×23 cm con 2 o 3 cucharadas de la salsa para pasta. Acomode la berenjena en una sola capa, la mitad del queso mozzarella, la mitad del queso suizo y la mitad de la salsa restante. Repita las capas. Espolvoree con los quesos parmesano y romano.

4. Hornee por 30 minutos o hasta que esté bien caliente y los quesos estén derretidos.   *Rinde 4 porciones*

pollo con relleno de col

4 pechugas de pollo, deshuesadas y sin piel

1 taza de champiñones rebanados

½ taza de cebolla picada

2 cucharadas de vino blanco seco

1 cucharadita de orégano fresco picado *o* ¼ de cucharadita de orégano seco

1 diente de ajo picado

½ cucharadita de pimienta negra

2 tazas de col rizada picada

2 cucharadas de mayonesa

½ taza de pan molido sazonado

1. Caliente el horno a 200 °C. Rocíe un refractario poco profundo con aceite en aerosol. Quite la grasa del pollo. Aplane el pollo con un mazo para carne hasta un grosor de 1.5 cm.

2. Caliente una sartén a fuego medio-alto. Agregue los champiñones, la cebolla, el vino, el orégano, el ajo y la pimienta; cueza por 5 minutos o hasta que la cebolla se suavice. Agregue la col; cueza hasta que se marchite.

3. Distribuya la mezcla de col sobre las pechugas aplanadas. Enrolle el pollo; asegúrelo con palillos. Barnice el pollo con mayonesa; empanice. Ponga los rollos, con la abertura hacia abajo, en el refractario. Hornee por 25 minutos o hasta que el pollo se dore y no esté rosado cerca del centro. Retire los palillos antes de servir.

Rinde 4 porciones

colas de langosta con mantequilla

Mantequilla Picante, Mantequilla con Cebollín o Mantequilla a la Mostaza-Chile (recetas más adelante)

4 colas de langosta, frescas o descongeladas (de unos 150 g cada una)

Prepare el asador para cocción directa. Prepare la mantequilla que guste.Enjuague las colas de langosta con agua fría. Abra las colas en forma de mariposa. Corte hasta la base de los caparazones, pero sin atravesarlos. Separe por la mitad los caparazones con los dedos. Barnice la carne con la mezcla de mantequilla. Coloque las colas en el asador, con la carne hacia abajo. Ase, sin tapar, a fuego medio-alto, por 4 minutos. Voltee las colas con la carne hacia arriba. Barnice con la mantequilla; ase de 4 a 5 minutos o hasta que la carne se opaque. Caliente el resto de la mezcla de mantequilla; revuelva de vez en cuando. Sirva la mantequilla como aderezo.

Rinde 4 porciones

mantequillas sazonadas

Mantequilla Picante

⅓ de taza de mantequilla, derretida

1 cucharada de cebolla finamente picada

2 a 3 cucharaditas de salsa picante

1 cucharadita de tomillo seco

¼ de cucharadita de pimienta inglesa molida

Mantequilla con Cebollín

⅓ de taza de mantequilla, derretida

1 cucharada de cebollín finamente picado

1 cucharada de jugo de limón

1 cucharadita de ralladura de cáscara de limón fresca

¼ de cucharadita de pimienta negra

Mantequilla a la Mostaza-Chile

⅓ de taza de mantequilla, derretida

1 cucharada de cebolla finamente picada

1 cucharada de mostaza Dijon

1 cucharadita de chile en polvo

Para cada mantequilla, combine los ingredientes en un recipiente chico.

rigatoni horneado a la toscana

450 g de salchicha italiana

450 g de rigatoni, cocida, escurrida y caliente

   2 tazas (225 g) de queso fontina rallado

   2 cucharadas de aceite de oliva

   2 bulbos de hinojo, en rebanadas delgadas

   4 dientes de ajo picados

   1 lata (840 g) de tomates machacados

   1 taza de crema batida

   1 cucharadita de sal

   1 cucharadita de pimienta negra

   8 tazas de espinacas, trozadas y sin tallos

   1 lata (435 g) de alubias, enjuagadas y escurridas

   2 cucharadas de piñones

  ½ taza de queso parmesano

1. Caliente el horno a 180 °C. Rocíe con aceite en aerosol un refractario de 4 litros.

2. Dore la salchicha en una sartén a fuego medio-alto; revuelva para separar la carne; escúrrala. Pase la salchicha a un recipiente. Agregue la pasta y el queso fontina; mezcle bien.

3. Caliente el aceite en la misma sartén; añada el hinojo y el ajo. Cueza y revuelva a fuego medio por 3 minutos o hasta que el hinojo se suavice. Agregue los tomates, la crema, la sal y la pimienta; cueza hasta que se espese un poco. Incorpore la espinaca, las alubias y los piñones; cueza hasta que se caliente bien.

4. Vierta la mezcla de salsa sobre la pasta; báñela bien. Transfiera al refractario; espolvoree con queso parmesano. Hornee por 30 minutos o hasta que burbujee y esté bien caliente. *Rinde de 6 a 8 porciones*

pavo con relleno de salchicha y pan de maíz

450 g de salchicha de cerdo

1½ tazas de cebolla picada

1 taza de apio picado

1 diente de ajo picado

450 g de relleno de pan de maíz

400 ml de consomé de pollo

2 cucharaditas de sazonador para aves

2 cucharadas de mantequilla, derretida

1 pavo (de 7 a 8 kg), descongelado

1. Caliente el horno a 160 °C. Dore la salchicha en una sartén a fuego medio; escúrrala. Agregue la cebolla, el apio y el ajo; cueza por 5 minutos o hasta que las verduras se suavicen. Añada el relleno, el consomé y el sazonador.

2. Barnice con mantequilla todo el pavo. Con una cuchara, introduzca el relleno en el pavo; cierre con brochetas de metal. Ponga el pavo, con la pechuga hacia arriba, en una parrilla sobre una charola para hornear. Inserte el termómetro para carne en la parte más gruesa, sin tocar el hueso.

3. Cueza el pavo, sin tapar, de 4 a 5 horas o hasta que el termómetro marque 81 °C; bañe de vez en cuando con los jugos. Deje reposar por 20 minutos antes de partirlo. *Rinde 10 porciones*

Nota: Si el pavo se dora muy rápido, cúbralo ligeramente con papel de aluminio; tenga cuidado de no tocar el termómetro.

cerdo asado con adobo de piña y chile

1 piña fresca

3 cucharadas de azúcar morena

1 a 2 cucharadas de chipotles picados, de lata

2 cucharadas de jugo de limón

1 cucharada de mostaza

2 cucharaditas de orégano seco machacado

¼ de cucharadita de pimienta negra molida

675 g de solomillo de cerdo

Rebanadas de limón

- Quite la corona de la piña. Corte la piña por la mitad a lo largo. Luego, una mitad a lo ancho en rebanadas de 2.5 cm. Corte el resto en cuartos. Refrigere un cuarto para otro uso. Quite la cáscara, el corazón y pique finamente el cuarto restante.

- Acomode la piña rebanada en una sola capa en una charola para hornear grande. Espolvoree con la mitad del azúcar.

- Combine la piña picada, los chiles, el jugo de limón, la mostaza, el orégano y la pimienta en un molde poco profundo. Agregue la carne; bañe la carne con una cuchara por todos lados.

- Hornee la carne y la piña a 200 °C, de 40 a 50 minutos o hasta que ya no esté rosada en el centro y la piña esté dorada; voltee la piña a la mitad del tiempo de cocción y espolvoree con el azúcar restante. Deje reposar la carne por 5 minutos. Corte la carne en rebanadas de 1.5 cm. Sirva con piña fresca y rebanadas de limón.

Rinde 6 porciones

Tiempo de Preparación: 15 minutos
Tiempo de Horneado: 50 minutos

salmón glaseado a la naranja

Glazé

2 cucharadas de salsa de soya

2 cucharadas de jugo de naranja

1 cucharada de miel de abeja

¾ de cucharadita de jengibre fresco molido

½ cucharadita de vinagre de vino de arroz

¼ de cucharadita de aceite de ajonjolí

Salmón

4 filetes de salmón (de unos 180 g cada uno)

½ cucharadita de sal

¼ de cucharadita de pimienta negra

1 cucharada de aceite de oliva

1. Para el glazé, bata la salsa de soya, el jugo, la miel, el jengibre, el vinagre y el aceite en un recipiente.

2. Sazone el salmón con sal y pimienta. Caliente el aceite en una sartén antiadherente. Ponga el salmón, con la piel hacia arriba, en la sartén. Barnice con el glazé. Cueza el salmón por 4 minutos o hasta que el centro se opaque. Voltéelo con cuidado; barnice con el glazé. Cueza por 4 minutos. (El salmón estará un poco rosado en el centro.)

3. Pase el salmón a un platón; tape y mantenga caliente. Coloque el resto del glazé en una olla. Caliente hasta que se espese y se reduzca a ¼ de taza. Vierta sobre el salmón con una cuchara. *Rinde 4 porciones*

enchiladas de pollo

¼ de taza (½ barra) de mantequilla

1 taza de cebolla picada

2 dientes de ajo picados

¼ de taza de harina de trigo

1 taza de consomé de pollo

120 g de queso crema, suavizado

2 tazas (225 g) de queso mexicano rallado

1 taza de pollo cocido, desmenuzado

1 lata (210 g) de chiles verdes en escabeche, picados y escurridos

½ taza de pimientos picados

6 tortillas de harina (de 20 cm), calientes

¼ de taza de cilantro fresco picado

¾ de taza de salsa

1. Caliente el horno a 180 °C. Rocíe un refractario de 33×23 cm con aceite en aerosol.

2. Derrita la mantequilla en una olla a fuego medio. Agregue la cebolla y el ajo; cueza hasta que se suavicen. Vacíe la harina; cueza por 1 minuto. Poco a poco, vierta el consomé; cueza de 2 a 3 minutos o hasta que se espese ligeramente. Añada el queso crema; deje que se derrita. Ponga ½ taza de queso, el pollo, los chiles y los pimientos.

3. Con una cuchara, ponga ⅓ de taza de la mezcla en cada tortilla. Enrolle y acomode, con la abertura hacia abajo, en el refractario. Vierta la mezcla restante sobre las enchiladas; espolvoree encima el queso restante.

4. Hornee por 20 minutos o hasta que burbujeen y estén un poco doradas. Espolvoree con cilantro y sirva con salsa.

Rinde 6 porciones

filete mignon con mantequilla de estragón

2 filetes de espaldilla de res, sin grasa (de 225 g cada uno, y de 3 a 4 cm de grosor)
2 cucharaditas de aceite de oliva
¼ de cucharadita de sal kosher
⅛ de cucharadita de pimienta negra
2 cucharadas de mantequilla
1 diente de ajo picado
2 cucharaditas de estragón fresco picado o ¾ de cucharadita de estragón seco

Frote los filetes con aceite de oliva. Sazone con sal y pimienta; deje reposar por 15 minutos. Caliente una sartén. Cueza la carne a 60 °C por unos 10 minutos para término crudo o al término que desee; voltéela una vez. Transfiera a un platón; cúbrala con papel de aluminio. Derrita la mantequilla en la misma sartén hasta que empiece a dorarse; desprenda los residuos. Agregue el ajo; cueza por unos 15 segundos o hasta que se aromatice. Añada el estragón. Vierta la salsa sobre la carne y sirva. *Rinde 2 porciones*

chuletas de cordero con salsa de mostaza

1 cucharadita de tomillo seco
½ cucharadita de sal
¼ de cucharadita de pimienta negra
4 chuletas de cordero (de unos 180 g cada una)
2 cucharadas de aceite vegetal
¼ de taza de chalotes finamente picados
¼ de taza de consomé de pollo o de res
2 cucharadas de salsa inglesa
1½ cucharadas de mostaza Dijon

Sazone la carne con el tomillo, la sal y la pimienta. Caliente el aceite en una sartén a fuego medio. Ponga las chuletas y cueza por 4 minutos de cada lado. Retírelas de la sartén. Agregue los chalotes a la sartén y cueza por 3 minutos. Reduzca el fuego a medio-bajo. Añada el consomé, la salsa inglesa y la mostaza; deje hervir por 5 minutos o hasta que la salsa se espese un poco; revuelva de vez en cuando. Regrese las chuletas a la sartén; cueza por 2 minutos para término medio; voltéelas una vez. *Rinde 4 porciones*

filete mignon con mantequilla de estragón

fondue hirviente

450 g de camarón mediano crudo, pelado

225 g de filete de solomillo de res rebanado y de lomo de cordero en rebanadas delgadas

2 tazas de champiñones rebanados, de zanahorias rebanadas y de floretes de brócoli

400 ml de consomé de pollo

½ taza de vino blanco seco

1 cucharada de perejil fresco picado

1 diente de ajo picado

½ cucharadita de tomillo seco y de romero seco

1. Coloque el camarón, la carne de res, el cordero, los champiñones, las zanahorias y el brócoli en un platón o en platos individuales.

2. Combine el consomé, el vino, el perejil, el ajo, el tomillo y el romero en una olla. Deje hervir a fuego alto. Retire del fuego; vierta el consomé en un wok eléctrico. Deje hervir a temperatura alta.

3. Ensarte el camarón, la carne y los vegetales en brochetas de bambú o use tenedores para fondue. Cueza en el consomé de 2 a 3 minutos.

Rinde 4 porciones

tiras new york con salsa de champiñones

3 cucharadas de aceite de oliva

225 g de champiñones surtidos, rebanados

225 g de champiñones botón, rebanados

1½ cucharaditas de albahaca fresca picada

1½ cucharaditas de tomillo fresco picado

3 tazas de caldo de res

1½ tazas de cebollines rebanados

1½ cucharadas de fécula de maíz

2 cucharadas de perejil fresco picado

Sal y salsa picante al gusto

4 tiras New York (de unos 180 g cada una)

continúa en la página 100

fondue hirviente

festivas entradas

1. Caliente el aceite en una sartén a fuego medio. Agregue los champiñones, la albahaca y el tomillo; fría por 5 minutos o hasta que los champiñones suelten su líquido. Cueza por 10 minutos, revolviendo de vez en cuando, hasta que los champiñones estén dorados y todo el líquido se haya evaporado.

2. Agregue 2¾ tazas de caldo y los cebollines; deje hervir. Reduzca el fuego; hierva, sin tapar, de 10 a 12 minutos o hasta que el caldo se reduzca una tercera parte.

3. Combine la fécula y el caldo restante en una taza chica. Añada a la mezcla de champiñones. Hierva, moviendo constantemente, de 1 a 2 minutos o hasta que se espese. Incorpore el perejil, la sal y la salsa picante.

4. Ase en la parrilla o al carbón, de 5 a 6 minutos de cada lado o hasta el término que desee. Sirva con la salsa de champiñones.

Rinde 4 porciones más 3 tazas de salsa

rollos de lasaña al pesto

2 tazas de albahaca fresca

2 dientes de ajo

¾ de taza (90 g) de queso parmesano rallado

¾ de taza de aceite de oliva

2 tazas (435 g) de queso ricotta

1 taza (120 g) de queso mozzarella bajo en grasa rallado

1 huevo batido

1 taza de calabaza en cubos

16 hojas de lasaña, cocida y escurrida

Prepare la salsa al pesto en una licuadora con tapa; licue la albahaca con el ajo hasta que se piquen. Agregue ½ taza de queso parmesano; licue muy bien. Con el motor encendido, añada lentamente el aceite y continúe licuando hasta que se incorpore. En un recipiente mediano, combine los quesos ricotta y mozzarella, el queso parmesano restante y el huevo; mezcle bien. Incorpore la calabaza. Extienda 2 cucharadas de la mezcla de queso en cada hoja de lasaña. Enrolle cada una y acomódela en un refractario de 28×18 cm. Vierta la salsa al pesto sobre los rollos; tape y hornee a 180 °C por 40 minutos o hasta que burbujee y esté caliente.

Rinde 8 porciones

deliciosos
postres

flan de calabaza

1 lata (435 g) de calabaza sólida
1 lata (360 g) de leche evaporada
1⅔ tazas de azúcar granulada
3 huevos
2 cucharaditas de vainilla
1 cucharadita de canela molida
½ cucharadita de jengibre molido
½ cucharadita de nuez moscada molida
½ cucharadita de clavos molidos
¼ de taza de crema batida
1 cucharada de azúcar glass

1. Caliente el horno a 150 °C. Con la batidora eléctrica a velocidad media, bata la calabaza, la leche, ⅓ de taza de azúcar granulada, los huevos, 1 cucharadita de vainilla y las especias en un recipiente, hasta que se incorporen.

2. Ponga el azúcar granulada restante en una olla grande, a fuego medio-alto; deje que se derrita y se dore. (La mezcla estará muy caliente.) Con mucho cuidado, vierta el azúcar en 8 moldes para flan (de 10 cm). Rellene cada uno con la mezcla de calabaza; póngalos en una charola de 38×18 cm. Agregue agua caliente a la charola hasta que se cubra la mitad de los moldes.

3. Hornee de 45 a 55 minutos o hasta que, al insertar en el centro de los flanes un cuchillo, éste salga limpio. Deje enfriar sobre rejillas. Pase el cuchillo alrededor de los moldes para desprender el flan. Desmolde los flanes en platos.

4. Con la batidora eléctrica a velocidad alta, bata la crema batida, el azúcar glass y la vainilla restante en un recipiente, hasta que se formen picos suaves; ponga una cucharada de la mezcla sobre los flanes.

Rinde 8 porciones

deliciosos
postres

101

pay helado de limón

1 lata (400 ml) de leche condensada (NO evaporada)
½ taza de jugo de limón
  Colorante vegetal amarillo (opcional)
1 taza (250 ml) de crema batida, batida
1 corteza para pay (180 g)

1. En un recipiente, combine la leche, el jugo y el colorante (opcional). Envuelva con la crema batida.

2. Vierta sobre la corteza. Deje enfriar por 3 horas o hasta que esté listo. Adorne al gusto. Guarde el sobrante, tapado, en el refrigerador.

Rinde un pay de 23 cm

pay de mantequilla de maní y chocolate

  Unos 42 besos de chocolate de leche
2 cucharadas de leche
1 corteza para pay (de 20 cm y 180 g)
1 paquete (225 g) de queso crema, suavizado
¾ de taza de azúcar
1 taza de mantequilla de maní
1 tubo (225 g) de crema batida, descongelada

1. Retire la envoltura de los chocolates. Coloque 26 chocolates y la leche en un recipiente para microondas. Caliente a temperatura ALTA (100%) por 1 minuto o hasta que se derritan y se incorporen cuando los revuelva. Unte uniformemente sobre la corteza. Refrigere durante unos 30 minutos.

2. Bata el queso con la batidora eléctrica a velocidad media, hasta que se incorpore; poco a poco, bata e integre el azúcar, luego la mantequilla de maní; bata bien después de cada adición. Reserve ½ taza de crema batida; revuelva la crema batida restante con la mezcla de mantequilla de maní. Vacíe con una cuchara sobre la corteza con chocolate. Tape; refrigere por unas 6 horas o hasta que esté listo.

3. Adorne con la crema batida que reservó y los chocolates restantes. Tape y refrigere los sobrantes.

Rinde 8 porciones

pudín de chocolate blanco con cubierta de caramelo

2 tazas de leche
¾ de taza de crema batida
¼ de taza de azúcar
¼ de taza de fécula de maíz
¼ de cucharadita de sal
6 cuadros (de 30 g cada uno) de chocolate blanco picado
2 cucharaditas de vainilla
  Cubierta de Caramelo (receta más adelante)

1. Combine la leche, la crema, el azúcar, la fécula y la sal en una olla mediana. Deje hervir a fuego medio; revuelva constantemente. Reduzca el fuego; cueza de 2 a 3 minutos o hasta que se espese.

2. Retire la olla del fuego; agregue el chocolate y la vainilla, y revuelva hasta que el chocolate se derrita por completo. Con una cuchara, vacíe en 6 vasos para postre; cubra ligeramente con plástico. Refrigere durante 1 hora o hasta por 2 días.

3. Prepare la Cubierta de Caramelo. Justo antes de servir, póngala sobre los postres.   *Rinde 6 porciones*

cubierta de caramelo

½ taza de azúcar
¼ de taza de jarabe de maíz light
1 taza de almendras rebanadas
2 cucharaditas de mantequilla
½ cucharadita de bicarbonato de sodio
½ cucharadita de vainilla

1. Rocíe una hoja de papel de aluminio de 25×25 cm con aceite en aerosol. Mezcle el azúcar y el jarabe en un recipiente para microondas. Caliente a temperatura ALTA por 4 minutos. (La mezcla tendrá un color dorado ligero.) Añada las almendras y la mantequilla; caliente por 2 minutos en el microondas. Incorpore el bicarbonato y la vainilla. (La mezcla se esponjará.)

2. Unte la mezcla en la hoja que preparó; deje enfriar. Rompa en trozos.

pudín de chocolate blanco con
cubierta de caramelo

pay de queso congelado a la menta

   2 tazas de galletas wafer de chocolate o galletas sándwich, machacadas
   ¼ de taza de azúcar
   ¼ de taza (½ barra) de mantequilla o margarina, derretida
 225 g de queso crema, suavizado
   1 lata (400 ml) de leche condensada (NO evaporada)
   2 cucharaditas de extracto de menta
     Colorante vegetal rojo (opcional)
   2 tazas de crema batida, batida
     Cubierta de helado fudge (opcional)

1. Combine la galleta y el azúcar. Agregue la mantequilla; revuelva. Forre un molde redondo de 23 cm con papel de aluminio. Presione 2 tazas de la mezcla de galleta en el fondo y alrededor del molde. Enfríe.

2. En un recipiente, bata el queso hasta que se esponje. Poco a poco, añada la leche y bata hasta que se incorpore. Añada el extracto de menta y el colorante (opcional); revuelva bien. Envuelva con la crema batida. Vierta sobre la corteza. Tape; congele por 6 horas o hasta que esté firme. Adorne con la cubierta (opcional). Guarde los sobrantes en el congelador.   *Rinde un pay de queso (de 23 cm)*

fresco dulce de frutas

   1 taza de duraznos (melocotones) pelados y rebanados (unos 2 chicos)
   1 taza dc ciruelas peladas y rebanadas (unas 2 grandes)
   1 taza de frambuesas frescas
   8 cucharadas de azúcar glass
   1 cucharada de jugo de limón
   1 taza de crema batida
     Ralladura fresca de cáscara de limón

Procese los duraznos, las ciruelas, las frambuesas, 6 cucharadas de azúcar y el jugo en la licuadora. Agregue azúcar adicional al gusto, si es necesario. Tape y refrigere durante 1 hora por lo menos, o hasta por 1 día. Bata la crema con la batidora eléctrica a velocidad alta, hasta que se formen picos suaves. Añada 2 cucharadas de azúcar glass; bata hasta que se endurezca. Revuelva con la fruta. Con una cuchara, vacíe en tazones; corone con la ralladura.   *Rinde 4 porciones*

pay de queso congelado a la menta

compota de pera y arándano

Cubierta de Pan

- 1 taza de harina de trigo
- 2 cucharadas de azúcar
- 2 cucharaditas de polvo para hornear
- ¼ de cucharadita de sal
- ¼ de taza (½ barra) de mantequilla, en trozos
- ½ taza de leche

Relleno

- 4 tazas de peras peladas y en cubos (3 o 4 medianas)
- 2 tazas de arándanos rojos frescos
- ½ taza de azúcar
- 3 cucharadas de harina de trigo
- ¼ de cucharadita de canela molida
- 2 cucharadas de mantequilla, en trozos

1. Caliente el horno a 190 °C. Engrase ligeramente un refractario redondo de 25 cm.

2. Para la cubierta, combine la harina, el azúcar, el polvo para hornear y la sal en un recipiente. Corte la mantequilla con dos cuchillos hasta que se desmorone. Revuelva con la leche hasta que se suavice y se forme una masa pegajosa.

3. Para el relleno, combine las peras, los arándanos, el azúcar, la harina y la canela; revuelva muy bien. Con una cuchara, vacíe en el refractario. Salpique con la mantequilla. Ponga cucharadas de la cubierta sobre la fruta.

4. Coloque el refractario en una charola para hornear; hornee de 25 a 35 minutos o hasta que la cubierta se dore y la fruta burbujee. Sírvala caliente. *Rinde de 6 a 8 porciones*

pastel acaramelado

1 paquete (520 g) de harina para pastel de chocolate, más los ingredientes para prepararlo
1 taza de nueces picadas
1 taza de chispas de chocolate
½ cucharadita de vainilla
½ taza de salsa de caramelo preparada
Salsa de caramelo y nueces picadas adicionales (opcional)

1. Caliente el horno a 180 °C. Engrase un molde de 33×23 cm.

2. Prepare la harina para pastel de acuerdo con las instrucciones del empaque. Agregue las nueces, las chispas y la vainilla a la mezcla. Vacíe en el molde. Vierta ½ taza de caramelo en la mezcla; distribuya con un cuchillo.

3. Hornee por 32 minutos o hasta que el pan comience a salirse del molde y que, al insertar en el centro un palillo, éste salga limpio. Deje enfriar un poco sobre una rejilla. Para servir, corone cada porción con caramelo adicional y nueces.   *Rinde 24 porciones*

pay de limón

1 lata (400 ml) de leche condensada
½ taza (unos 3 limones medianos) de jugo fresco de limón
1 cucharadita de ralladura de cáscara de limón
1 corteza para pay de 23 cm (180 g)
2 tazas de crema batida, descongelada
Rebanadas de limón (opcional)

Bata la leche y el jugo en un recipiente hasta que se combinen; agregue la ralladura de limón. Vierta en la corteza; unte encima la crema batida. Refrigere por 2 horas o hasta que esté listo. Adorne con las rebanadas de limón.   Rinde 8 porciones

pay de queso con cubierta de chocolate

4 paquetes (de 225 g cada uno) de queso crema, suavizado
500 ml (2 tazas) de crema batida
7 huevos
1½ tazas de azúcar granulada
2 cucharadas de harina de trigo
2 cucharaditas de vainilla
Cubierta de Chocolate (receta más adelante)

1. Caliente el horno a 180 °C. Bata el queso en un recipiente grande con la batidora eléctrica a velocidad media, hasta que se esponje. Poco a poco, agregue la crema y bata hasta que se incorpore. Añada los huevos, uno a la vez; bata bien después de cada adición. Ponga el azúcar, la harina y la vainilla; bata a velocidad baja justo hasta que se incorporen.

2. Vierta la mezcla en un molde de 25 cm con desmoldador, sin engrasar. Hornee de 50 a 60 minutos o hasta que el centro suba, pero que aún esté húmedo. Apague el horno; deje enfriar en el horno durante 4 horas por lo menos. Prepare la Cubierta de Chocolate.

3. Retire con el desmoldador; corone con la Cubierta de Chocolate caliente; deje que el chocolate se derrame por los costados. Tape; refrigere por 2 horas o hasta que esté listo para servir.   *Rinde 16 porciones*

cubierta de chocolate

1 taza de chispas de chocolate semiamargo
1 taza de crema batida

Coloque las chispas en un recipiente mediano. Caliente la crema en una olla a fuego medio-bajo hasta que burbujee alrededor de la orilla. Vierta la crema sobre las chispas; revuelva con frecuencia hasta que se incorporen y empiece a espesarse. Manténgala tibia hasta el momento de usarla. (La mezcla se espesará conforme se enfríe.)

deliciosos postres

pay de queso con cubierta de
chocolate

nidos de merengue de chocolate rellenos de fruta

Merengues

4 claras de huevo grandes

½ cucharadita de sal

½ cucharadita de cremor tártaro

1 taza de azúcar granulada

2 tazas de chispas de chocolate semiamargo

Salsa de Chocolate

⅔ de taza de leche evaporada

1 taza de chispas de chocolate semiamargo

1 cucharada de azúcar granulada

1 cucharadita de extracto de vainilla

Pizca de sal

3 tazas de fruta fresca o de moras (arándanos negros, arándanos azules o frambuesas enteros, kiwi, duraznos o fresas rebanados)

Para los Merengues

CALIENTE el horno a 150 °C. Engrase ligeramente charolas para hornear.

BATA las claras, la sal y el cremor tártaro en un recipiente hasta que se formen picos suaves. Poco a poco, agregue el azúcar; bata hasta que se disuelva. Con cuidado, añada las chispas. Forme nidos con el merengue colocándolo en 10 moldes de 9 cm; acomódelos separados 5 cm.

HORNEE de 35 a 45 minutos o hasta que los merengues estén secos y crujientes. Enfríe en las charolas por 5 minutos; deje enfriar sobre rejillas.

Para la Salsa de Chocolate

PONGA a hervir la leche en una olla. Agregue las chispas. Cueza y revuelva con frecuencia, hasta que la mezcla se uniforme y se espese un poco. Retire del fuego; añada el azúcar, la vainilla y la sal.

RELLENE los merengues con la fruta y bañe con la Salsa de Chocolate; sirva de inmediato.

Rinde 10 porciones

deliciosos postres

114

clafouti de almendras y cerezas

½ **taza de almendras rebanadas, tostadas***

½ **taza de azúcar glass**

⅔ **de taza de harina de trigo**

⅔ **de taza de azúcar granulada**

¼ **de cucharadita de sal**

½ **taza (1 barra) de mantequilla, en trozos**

⅔ **de taza de leche**

2 **huevos**

½ **cucharadita de vainilla**

1 **taza de cerezas frescas, sin hueso y en cuartos**

*Para tostar las almendras, distribúyalas en una sola capa en una charola para hornear. Hornéelas a 180 °C, de 8 a 10 minutos o hasta que se doren; revuelva con frecuencia.

1. Caliente el horno a 180 °C. Rocíe 4 moldes (de 200 ml) con aceite en aerosol; acomódelos en charolas para hornear.

2. Muela un poco las almendras en el procesador de alimentos. Agregue el azúcar glass; procese hasta que se incorpore. Añada la harina, el azúcar y la sal. Procese hasta que se revuelvan. Gradualmente, integre la mantequilla y procese justo hasta que se incorpore.

3. Combine la leche, los huevos y la vainilla en un recipiente. Con el procesador de alimentos encendido, vierta poco a poco la mezcla de leche en la de almendras. Procese hasta incorporar. Retire la cuchilla del procesador; añada las cerezas.

4. Divida la mezcla en los moldes. Hornee por unos 50 minutos o hasta que la parte superior y los costados se doren y se esponjen. Deje enfriar de 5 a 10 minutos. *Rinde 4 porciones*

Nota: El clafouti es un postre francés tradicional hecho en capas de masa dulce sobre fruta fresca. El resultado es un rico postre con cubierta de pan y centro de pudín.

115

barras de pay de calabaza

1½ tazas más 1 cucharada de harina de trigo

1 taza de nueces finamente picadas

½ taza de azúcar granulada

½ taza de azúcar morena

2 cucharaditas de canela molida

¾ de taza de mantequilla o margarina

2 tazas de calabaza cocida

1 lata (400 ml) de leche condensada (NO evaporada)

2 huevos batidos

½ cucharadita de especias mixtas (allspice)

¼ de cucharadita de sal

1. Caliente el horno a 190 °C. En un recipiente, combine 1½ tazas de harina, las nueces, los azúcares y 1 cucharadita de canela. Corte la mantequilla hasta que se desmorone. Reserve 1¼ tazas de la mezcla. Distribuya la mezcla en el fondo de un molde sin engrasar de 33×23 cm.

2. En un recipiente, combine la calabaza, la leche, los huevos, la canela restante, las especias mixtas y la sal; revuelva bien. Vierta en la corteza.

3. Combine la mezcla de moronas que reservó con la harina restante. Espolvoree sobre la mezcla de calabaza. Hornee de 30 a 35 minutos o hasta que esté lista. Deje enfriar por 10 minutos. Corte en cuadros. Sírvala tibia. Guarde los sobrantes, tapados, en el refrigerador.

Rinde 2 docenas de barras

Tiempo de Preparación: 15 minutos

barra de helado de vainilla

¼ de taza de azúcar glass
1½ cucharaditas de agua
90 g de galletas dedos de dama, separadas
1½ litros de helado de vainilla, suavizado
1 taza de salsa de frambuesa o fresa
Frambuesas o fresas, frescas o descongeladas (opcional)

1. Forre con envoltura plástica un molde para pan en forma de barra de 23×13 cm; deje 7 cm del plástico fuera de las orillas del molde.

2. Combine el azúcar y el agua en un recipiente chico; revuelva bien. Distribuya una pequeña cantidad de azúcar glass en la parte inferior de 1 dedo de dama; fíjela verticalmente en el costado del molde. Repita esto con el resto de las galletas, para formar un borde alrededor del molde.

3. Bata el helado en un recipiente grande con la batidora eléctrica a velocidad baja, hasta que se uniforme. Extienda en el molde y presione contra las galletas. Tape y congele durante 6 horas o por toda la noche.

4. Ponga la barra en el refrigerador 20 minutos antes de servir. Con cuidado, desmolde tirando del plástico que dejó por fuera. Para servir, vierta 1 cucharada de salsa en los platos. Corte la barra en rebanadas y póngalas en los platos. Bañe con salsa adicional y adorne con frambuesas.

Rinde 8 porciones

postres de crema de chocolate

2 tazas de chispas de chocolate de leche
½ taza de crema light
½ cucharadita de extracto de vainilla
Crema batida endulzada (opcional)

1. Coloque las chispas y la crema en un recipiente para microondas. Caliente a temperatura ALTA (100%) por 1 minuto o justo hasta que se derrita el chocolate y la mezcla se sienta suave. Integre la vainilla.

2. Vierta en copas o en platitos para postre. Tape y refrigere hasta que esté firme. Sírvalos fríos con crema batida endulzada, si lo desea.

Rinde de 6 a 8 porciones

barra de helado de vainilla

tarta de queso con limón y arándano

1 corteza para pay (de 23 cm), descongelada

1 taza de queso mascarpone o 225 g de queso crema, suavizado

5 cucharadas de relleno de limón

2 tazas de arándanos azules frescos

Caliente el horno a 190 °C. Presione la corteza para pay en un molde de 23 cm con desmoldador. Con un tenedor, haga perforaciones en la base y el costado de la corteza. Hornee hasta que dore un poco, durante unos 10 minutos; refrigere hasta que se enfríe, por unos 10 minutos. En un recipiente, agregue el queso y 3 cucharadas del relleno de limón, y revuelva hasta uniformar. (Si la mezcla está demasiado espesa, añada un poco de leche.) Extienda la mezcla en el fondo de la corteza fría. En un recipiente, con cuidado, revuelva los arándanos y el relleno de limón restante, hasta que se combinen. Con una cuchara, ponga los arándanos sobre la capa de queso. Tape y enfríe por 2 horas. Para servir, desmolde y corte en rebanadas.

Rinde 8 porciones

peras a la menta con gorgonzola

4 peras enteras firmes con tallos, peladas

2 tazas de jugo de uva

1 cucharada de miel de abeja

1 cucharada de menta fresca finamente picada

1 raja de canela

¼ de cucharadita de nuez moscada molida

¼ de taza de queso Gorgonzola, desmoronado

Coloque las peras en una olla mediana. Agregue el jugo, la miel, la menta, la canela y la nuez moscada. Ponga a hervir a fuego alto. Reduzca el fuego; deje hervir, tapado, de 15 a 20 minutos; voltee las peras una vez para que absorban los jugos. Cueza hasta que las peras puedan perforarse con un tenedor. Retire la olla del fuego; deje enfriar. Retire las peras con una cuchara ranurada. Deseche la canela. Deje hervir el jugo por 20 minutos. Ponga las peras en platos individuales. Vierta el jugo sobre las peras. Espolvoree alrededor con queso Gorgonzola.

Rinde 4 porciones

tarta de queso con limón y arándano

pastel de fresa con flores

1 paquete (520 g) de harina para pastel blanco con pudín
360 ml de yogur de fresa
4 huevos
⅓ de taza de aceite vegetal
1 paquete (para 4 porciones) de gelatina de fresa
225 g de de betún de crema batida descongelado
13 fresas medianas, sin tallo
Colorante vegetal amarillo

1. Caliente el horno a 180 °C. Engrase ligeramente un molde de 33×23 cm.

2. Bata la harina, el yogur, los huevos, el aceite y la gelatina, con la batidora eléctrica a velocidad baja, por 1 minuto o hasta incorporar. Aumente la velocidad a media; bata de 1 a 2 minutos o hasta uniformar. Unte en el molde.

3. Hornee de 38 a 43 minutos o hasta que, al insertar en el centro un palillo, éste salga limpio. Deje enfriar por completo en el molde.

4. Reserve ½ taza de betún. Unte el resto del betún sobre el pastel frío; corte en 15 rectángulos (de 9×7 cm). Corte cada fresa a lo largo en 6 gajos. Ponga 5 gajos en cada rectángulo de pastel, apuntando hacia el centro, y forme una flor como la de la foto.

5. Tiña el betún con el colorante; colóquelo en una bolsa de plástico. Corte 0.5 cm de una esquina de la bolsa. Apriete la bolsa para que el betún salga; forme el centro de la flor. Sirva el pastel de inmediato, o tápelo ligeramente y refrigérelo hasta por 24 horas.   *Rinde 15 porciones*

pastas rellenas de queso y cerezas

2 hojas de pasta para galletas

1 taza de cerezas descongeladas, conserve el jugo

2 cucharadas de vino tinto o agua

1 cucharada de azúcar granulada

1 cucharadita de fécula de maíz

½ cucharadita de vainilla

⅛ de cucharadita de extracto de almendra

90 g de queso crema, suavizado

3 cucharadas de azúcar glass

2 cucharadas de leche entera

1. Caliente el horno a 200 °C.

2. Ponga las hojas de pasta en una charola sin engrasar. Hornee de 22 a 27 minutos o hasta que se doren y se esponjen. Deje enfriar por completo. Retire el centro de las pastas; resérvelos para otro uso, si lo desea.

3. Mientras tanto, combine el jugo de cereza, el vino, el azúcar granulada y la fécula en una olla; revuelva hasta que la fécula se disuelva por completo. Ponga a hervir a fuego medio por 1 minuto; revuelva con frecuencia. Agregue las cerezas; cueza y revuelva por 30 segundos. Retire del fuego; añada ¼ de cucharadita de vainilla y el extracto de almendra. Deje enfriar por completo.

4. Bata el queso, el azúcar glass, la leche y la vainilla restante en un recipiente con la batidora eléctrica a velocidad baja, hasta que se incorporen. Tape; refrigere hasta el momento de servir.

5. Justo antes de servir, divida la mezcla de queso crema entre las pastas. Corone con cerezas.

Rinde 2 porciones

elegantes tazas de galleta

½ **taza de jarabe de maíz light**
½ **taza (1 barra) de mantequilla**
 1 **taza de harina de trigo**
½ **taza de almendras rebanadas, finamente picadas**
¼ **de taza de azúcar granulada**
¼ **de taza de azúcar morena**
 2 **cucharadas de crema batida**
   Helado
   Chocolate semiamargo derretido (opcional)

1. Caliente el horno a 150 °C. Engrase charolas para galletas o fórrelas con papel pergamino. Ponga el jarabe en una olla a fuego medio; caliente de 2 a 3 minutos o hasta que la mezcla dé el primer hervor. Agregue la mantequilla; reduzca el fuego. Revuelva de 2 a 3 minutos o hasta que se derrita la mantequilla. Retire del fuego. Añada la harina, las almendras, las azúcares y la crema batida. Vierta cucharadas de la mezcla en las charolas, separadas 10 cm.

2. Hornee de 11 a 13 minutos o hasta que las galletas burbujeen y se doren. Deje enfriar por 30 segundos en las charolas. Trabajando rápido, en moldes para flan invertidos, déles forma de taza a las galletas. Deje enfriar por completo. Retire los moldes.

3. Justo antes de servir, rellene las galletas con una bola de helado. Bañe con chocolate derretido.

Rinde unas 2 docenas de tazas de galletas

consejo

Si usted no necesita las 24 tazas de galleta, sólo prepare las que desee. Con el resto de la mezcla, hornee las galletas como se indica, pero forme conos con ellas o déjelas planas. Pueden ser un excelente adorno para una bola de helado, o sírvalas con café o té.

pastelillos glaseados de manzana y nuez

1 paquete (510 g) de pastel con especias
1⅓ tazas más 3 cucharadas de agua
3 huevos
⅓ de taza de aceite vegetal
½ cucharadita de mantequilla de vainilla y saborizante de nuez*
¾ de taza de nueces picadas
360 g de manzanas Granny Smith, peladas y en cubos (unas 3 medianas)
¼ de cucharadita de canela molida
1 frasco (360 g) de jarabe de caramelo

*La mantequilla de vainilla y el saborizante de nuez están disponibles en tiendas para repostería.

1. Caliente el horno a 180 °C. Engrase y enharine 12 moldes chicos (de 1 taza).

2. Bata la harina, 1⅓ tazas de agua, los huevos, el aceite y el saborizante en un recipiente, con la batidora eléctrica a velocidad baja, por 30 segundos. Bata durante 2 minutos a velocidad media.

3. Vierta con una cuchara en los moldes. Hornee por 25 minutos o hasta que, al insertar en los centros un palillo, éste salga limpio. Enfríe por 15 minutos. Con cuidado, invierta los pastelillos en rejillas; deje enfriar por completo.

4. Mientras tanto, caliente una sartén de 30 cm a fuego medio-alto. Agregue las nueces; caliente por 3 minutos o hasta que se doren un poco. Páselas a un tazón. Combine las manzanas, el agua restante y la canela en la misma sartén; caliente a fuego medio-alto por 3 minutos o hasta que las manzanas estén crujientes. Retire del fuego; revuelva las nueces con el caramelo. Ponga cucharadas del glaseado sobre los pastelillos.

Rinde 12 pastelillos

exquisitos
bocados

bombones de coco

- **2 tazas de azúcar glass**
- **1 taza de coco rallado**
- **3 cucharadas de leche evaporada**
- **2 cucharadas de mantequilla, suavizada**
- **1 cucharadita de vainilla**
- **1 taza (180 g) de chispas de chocolate semiamargo**
- **1 cucharada de manteca vegetal**
- **Coco tostado (opcional)**
- **Chocolate blanco, derretido (opcional)**

1. Forre una charola para hornear con papel encerado.

2. Combine el azúcar, el coco, la leche, la mantequilla y la vainilla en un recipiente. Revuelva bien. Forme con la mezcla bolas de 2.5 cm; acomódelas en la charola. Refrigere hasta que estén firmes.

3. Combine las chispas y la manteca en un recipiente para microondas. Caliente a temperatura ALTA por 1 minuto; revuelva. Caliente a intervalos de 30 segundos, revolviendo cada vez, hasta que el chocolate se derrita y la mezcla esté uniforme.

4. Sumerja los bombones en el chocolate derretido, usando un palillo de madera. Retire el exceso de chocolate pasando el bombón por la orilla del recipiente; acomode en la charola. Espolvoree algunos bombones con el coco tostado. Refrigere hasta que estén firmes. Adorne con chocolate blanco derretido. Guárdelos en el refrigerador.

Rinde unas 3 docenas de bombones

exquisitos
bocados

gotas de limón

 2 tazas de harina de trigo
⅛ de cucharadita de sal
 1 taza (2 barras) de mantequilla sin sal, suavizada
 1 taza de azúcar glass
    Ralladura de cáscara de 1 limón grande (más o menos 1½ cucharaditas)
 2 cucharaditas de jugo de limón

1. Caliente el horno a 150 °C. Combine la harina y la sal en un recipiente.

2. Bata la mantequilla y ¾ de taza de azúcar en un recipiente, con la batidora eléctrica a velocidad media, hasta que esponje. Agregue y bata la cáscara y el jugo hasta que se incorporen. Añada la mezcla de harina, ½ taza a la vez, batiendo hasta que se integren.

3. Con una cuchara, forme gotas redondas con la masa. Colóquelas en una charola sin engrasar separadas 2.5 cm. Hornee de 20 a 25 minutos o hasta que se doren un poco. Deje enfriar por 5 minutos en las charolas; póngalas en rejillas para que se enfríen por completo. Espolvoree encima el azúcar glass restante.

Rinde unas 6 docenas de galletas

nueces enchiladas

 1 cucharada de aceite vegetal
 2 cucharaditas de chile en polvo
 1 cucharadita de comino molido
½ cucharadita de hojuelas de pimienta roja
½ cucharadita de azúcar granulada
 2 tazas de nueces de la India enteras, saladas y tostadas (unos 210 g)

1. Caliente el horno a 180 °C. Forre una charola para hornear con papel de aluminio. Rocíe con aceite en aerosol.

2. Combine el aceite, el chile, el comino, la pimienta y el azúcar en un recipiente; revuelva bien. Agregue las nueces; revuelva para cubrirlas. Distribuya la mezcla en una capa en la charola. Hornee de 8 a 10 minutos o hasta que se doren; revuelva una o dos veces. Deje enfriar por completo en la charola.

Rinde 2 tazas de nueces

cuadros festivos

3 tazas (510 g) de chispas de chocolate de leche o semiamargo
1 lata (400 ml) de leche condensada (NO evaporada)
Pizca de sal
½ a 1 taza de nueces picadas (opcional)
1½ cucharaditas de extracto de vainilla

1. En una olla pesada, a fuego bajo, derrita las chispas con la leche y la sal. Retire del fuego; revuelva con las nueces (opcional) y la vainilla. Distribuya sobre un molde cuadrado de 20 o 23 cm, forrado con papel encerado. Deje enfriar por 2 horas o hasta que esté firme.

2. Voltee el chocolate sobre una tabla para picar; quite el papel encerado y corte en cuadros. Guarde el sobrante tapado en el refrigerador.   *Rinde unos 900 g de cuadros*

Tiempo de Preparación: 10 minutos

Cuadros de Chocolate con Mantequilla de Maní Glaseados: Sustituya las nueces por ¾ de taza de mantequilla de maní. Para glasear, derrita ½ taza de chispas de mantequilla de maní con ½ taza de crema batida; revuelva hasta que se uniforme y se espese. Vierta sobre el chocolate.

Cuadros con Malvavisco: Agregue 2 cucharadas de mantequilla a la mezcla de chocolate. Sustituya las nueces por 2 tazas de malvaviscos miniatura.

bocaditos de piña

½ **taza de crema batida**

¼ **de taza de azúcar**

⅛ **de cucharadita de sal**

 1 **taza de piña seca finamente picada**

½ **taza de almendras rebanadas y picadas**

¼ **de taza de chispas de chocolate semiamargo**

¼ **de taza de harina de trigo**

1. Caliente el horno a 180 °C. Forre 2 charolas para galletas con papel pergamino.

2. Combine la crema, el azúcar y la sal en un recipiente; revuelva hasta que se disuelva el azúcar. Agregue la piña, las almendras y las chispas. Añada la harina y revuelva bien.

3. Vacíe cucharaditas de la masa y redondéelas, sobre las charolas, separadas 5 cm. Hornee de 13 a 15 minutos o hasta que las orillas estén doradas. Deje enfriar las galletas sobre las charolas por 2 minutos. Ponga en rejillas y deje enfriar por completo.

Rinde unas 2 docenas de galletas

botana mixta crujiente

6 **cucharadas de mantequilla**

2 **cucharadas de azúcar morena**

1½ **cucharaditas de curry en polvo**

¼ **de cucharadita de sal y de comino molido**

2½ **tazas de cuadros de cereal de arroz**

¾ **de taza de nueces en mitades**

¾ **de taza de arándanos rojos o cerezas, secos**

1. Caliente el horno a 120 °C. Derrita la mantequilla en una sartén. Agregue el azúcar morena, el curry, la sal y el comino; revuelva bien. Combine el cereal, las nueces y los arándanos en un recipiente. Vierta la mezcla de mantequilla sobre la de cereal; bañe bien.

2. Distribuya la mezcla de cereal en un molde sin engrasar de 38×25×2.5 cm. Hornee de 40 a 45 minutos o hasta que esté crujiente; revuelva cada 15 minutos.

Rinde 6 tazas de botana mixta

tacitas de nuez y chabacano

1 taza de harina de trigo

½ taza (1 barra) más 1 cucharada de mantequilla, en trozos

6 cucharadas de queso crema

¾ de taza de azúcar morena

1 huevo

½ cucharadita de vainilla

¼ de cucharadita de sal

⅔ de taza de chabacanos (albaricoques) secos picados

⅓ de taza de nueces picadas

1. Caliente el horno a 160 °C. Engrase 24 moldes miniatura para muffin (de 4 cm) o fórrelos con capacillos de papel.

2. Combine la harina, ½ taza de mantequilla y el queso crema en el procesador de alimentos. Procese pulsando el botón de encendido/apagado hasta que se forme una bola. Envuelva la bola con plástico; refrigere por 15 minutos.

3. Bata el azúcar morena, el huevo, la mantequilla restante, la vainilla y la sal, con la batidora eléctrica a velocidad media, hasta que adquiera una consistencia cremosa. Añada los chabacanos y las nueces.

4. Forme con la masa 24 bolas; colóquelas en los moldes. Presione la masa hacia el fondo y los costados de los moldes. Llene cada uno con 1 cucharadita de la mezcla de chabacanos. Hornee por 25 minutos o hasta que las tacitas estén un poco doradas. Deje enfriar sobre rejillas. *Rinde 2 docenas de tacitas*

tacitas de trufa de chocolate

210 g de crema fresca

225 g de chocolate amargo, en trozos chicos

1 cucharada de licor de almendra, de café o de naranja (opcional)

60 g de hojas chicas de pasta filo

Caliente la crema en una olla a fuego medio hasta que se suavice y quede un líquido espeso y consistente. Retire del fuego y agregue el chocolate. Revuelva hasta que se derrita y se uniforme. Añada el licor, si lo desea. Refrigere por 1 hora o hasta que esté listo. Con una cuchara, ponga sobre las hojas de pasta filo y sirva.

Rinde 15 tacitas de trufa

tacitas de nuez y chabacano

bocaditos de brownie

42 barritas de chocolate relleno de almendra y coco
½ taza (1 barra) de mantequilla o margarina, suavizada
½ taza de azúcar morena
¼ de taza de azúcar granulada
1 huevo
1 cucharadita de extracto de vainilla
1¼ tazas de harina de trigo
⅓ de taza de cocoa en polvo
¾ de cucharadita de bicarbonato de sodio
½ cucharadita de sal

1. Retire las envolturas de los chocolates. Forre moldes chicos para muffin (de 4 cm) con capacillos de papel.

2. Bata la mantequilla, el azúcar morena, el azúcar granulada, el huevo y la vainilla en un recipiente hasta que se incorporen. Revuelva juntos la harina, la cocoa, el bicarbonato y la sal; poco a poco, vacíe en la mezcla de mantequilla y revuelva muy bien. Tape y refrigere la masa por unos 30 minutos o hasta que esté firme pero manejable.

3. Caliente el horno a 190 °C. Forme con la masa bolas de 2.5 cm; colóquelas en los capacillos. No las aplane.

4. Hornee de 8 a 10 minutos o hasta que se esponjen. Retire del horno. Deje enfriar por 5 minutos. (Las galletas estarán un poco hundidas.) Presione un chocolate en cada galleta. Deje enfriar por completo sobre rejillas.

Rinde 3½ docenas de bocaditos

rocas de chocolate

2 tazas (360 g) de chispas de chocolate semiamargo
2 cucharadas de mantequilla o margarina
1 lata (400 ml) de leche condensada (NO evaporada)
2 tazas de maní tostado seco
290 g de malvaviscos miniatura

1. Forre un molde para hornear de 33×23 cm con papel encerado. En una olla pesada, a fuego bajo, derrita las chispas y la mantequilla con la leche; retire del fuego.

2. En un recipiente, combine el maní y los malvaviscos; revuelva con el chocolate. Distribuya sobre el molde. Deje enfriar por 2 horas o hasta que esté firme.

3. Retire el dulce del molde; desprenda el papel y corte en cuadros. Guárdelos tapados a temperatura ambiente.

Rinde unas 3½ docenas de dulces

Tiempo de Preparación: 10 minutos
Tiempo de Enfriado: 2 horas

Método en Microondas: En una taza medidora de 1 litro, combine las chispas, la mantequilla y la leche. Caliente a temperatura ALTA (100%) por 3 minutos; revuelva después de cada 1½ minutos para derretir las chispas. Deje reposar por 5 minutos. Continúe como se indica.

botana mixta de fruta crujiente

675 g de palitos de pretzel
1 taza de semillas de soya tostadas y con sal (unos 120 g)
⅔ de taza de arándanos rojos secos (unos 75 g)
⅔ de taza de piña seca, en trozos de 1.5 cm (unos 110 g)
⅔ de taza de chispas de chocolate blanco (unos 110 g)

1. Troce los palitos de pretzel por la mitad; colóquelos en un recipiente. Agregue los domás ingredientes al recipiente; revuelva.

2. Pase la botana a un botanero o guárdela en un recipiente hermético de 1 litro de capacidad.

Rinde 4 tazas de botana mixta

rocas de chocolate

nueces crujientes

 2 tazas (350 g) de chispas de chocolate de leche
¾ de taza de nueces de la India, con o sin sal, poco picadas
¾ de taza de nueces de macadamia poco picadas
½ taza (1 barra) de mantequilla, suavizada
½ taza de azúcar
 2 cucharadas de jarabe de maíz light

1. Forre un molde cuadrado de 23 cm con papel de aluminio; deje que se extienda sobre las orillas del molde. Engráselo con mantequilla. Cubra el fondo del molde con las chispas de chocolate.

2. Combine las nueces, la mantequilla, el azúcar y el jarabe en una sartén; cueza a fuego bajo, revolviendo constantemente, hasta que el azúcar y la mantequilla se disuelvan. Aumente el fuego a medio; cueza, revolviendo con frecuencia, hasta que la mezcla empiece a pegarse y a tornarse un poco dorada (unos 10 minutos).

3. Vierta la mezcla sobre las chispas del molde; distribuya uniformemente. Enfríe. Refrigere hasta que esté firme. Retire del molde; quite el aluminio. Parta en trozos. Guárdelas tapadas ligeramente, ya frías, en un lugar seco.

Rinde unos 675 g de dulce

Tiempo de Preparación: 30 minutos
Tiempo de Cocción: 10 minutos
Tiempo de Enfriado: 40 minutos
Tiempo de Refrigeración: 3 horas

merengues de chocolate y naranja

 3 claras de huevo
½ cucharadita de extracto de vainilla
⅛ de cucharadita de extracto de naranja
¾ de taza de azúcar
¼ de taza de cocoa
½ cucharadita de ralladura de cáscara de naranja

1. Caliente el horno a 150 °C. Forre una charola para hornear con papel pergamino o de aluminio.

2. Bata las claras, la vainilla y el extracto de naranja en un tazón, con la batidora eléctrica a velocidad alta, hasta que se formen picos suaves. Poco a poco, añada el azúcar, batiendo después de cada adición, hasta que se formen picos rígidos, el azúcar se haya disuelto y la mezcla esté pegajosa. Espolvoree la mitad de la cocoa y toda la ralladura sobre la mezcla de claras de huevo; con movimiento envolvente, bata hasta que se incorporen. Repita esto con la cocoa restante.

3. Con una cuchara, ponga la mezcla en una duya (manga) con punta grande de estrella; forme estrellas de 4 cm sobre la charola que preparó.

4. Hornee de 35 a 40 minutos o hasta que se sequen. Deje enfriar un poco; desprenda el papel. Deje enfriar sobre rejillas. Guárdelos tapados a temperatura ambiente.   *Rinde 5 docenas de merengues*

galletas de pistache

½ **taza (1 barra) más 1 cucharada de mantequilla, suavizada**
1 **paquete (90 g) de queso crema, suavizado**
2 **cucharadas de azúcar granulada**
1 **taza de harina de trigo**
½ **cucharadita de ralladura de cáscara de naranja**
1 **taza de azúcar glass**
½ **taza de pistaches picados**
⅓ **de taza de arándanos rojos secos**
1 **huevo**
½ **cucharadita de extracto de naranja**
 Azúcar glass adicional (opcional)

1. Bata ½ taza de mantequilla, el queso y el azúcar granulada en un tazón, con la batidora eléctrica a velocidad media, hasta que esté ligero y esponjoso. Agregue la harina y la ralladura; bata hasta que se incorporen. Forme con la masa una bola; envuélvala con plástico. Congele por 30 minutos.

2. Combine el azúcar glass, los pistaches, los arándanos, el huevo, la mantequilla restante y el extracto en un recipiente; revuelva bien.

3. Caliente el horno a 180 °C. Rocíe 24 moldes miniatura para muffin con aceite en aerosol. Presione 1 cucharada de masa en el fondo y los costados de los moldes. Rellene tres cuartas partes de cada corteza con la mezcla de pistache.

4. Hornee por 25 minutos o hasta que el relleno esté listo. Desmolde y ponga en rejillas; deje enfriar por completo. Espolvoree con azúcar glass adicional.   *Rinde 2 docenas de galletas*

gotas de chocolate y malvavisco

1 taza de azúcar
½ taza (1 barra) de mantequilla
¼ de taza de leche
1 huevo
1 cucharadita de vainilla
1¾ tazas de harina de trigo
⅓ de taza de cocoa en polvo sin endulzar
1 cucharadita de bicarbonato de sodio
½ cucharadita de sal
16 a 18 malvaviscos grandes, partidos a la mitad
Glazé de Chocolate (receta más adelante)
36 mitades de nuez (opcional)

1. Caliente el horno a 180 °C.

2. Bata el azúcar y la mantequilla, con la batidora eléctrica a velocidad media, hasta que esté ligera y esponjosa. Agregue la leche, los huevos y la vainilla; revuelva bien. Combine la harina, la cocoa, el bicarbonato y la sal en un recipiente; poco a poco, incorpore a la mezcla de mantequilla y bata hasta que se integren.

3. Ponga cucharadas de la masa y redondéelas, en charolas sin engrasar. Hornee por 8 minutos. Retire del horno; con cuidado, presione 1 mitad de malvavisco, con el lado cortado hacia abajo, en cada galleta. Regrese al horno de 3 a 4 minutos o hasta que los malvaviscos estén suaves y las galletas listas. Deje enfriar en las charolas por 1 minuto. Pase a rejillas y enfríe por completo.

4. Prepare el Glazé de Chocolate; vierta sobre las galletas. Corone con las nueces.

Rinde unas 3 docenas de galletas

Glazé de Chocolate: Combine ⅓ de taza de crema batida y 1 cucharada de mantequilla en una olla; deje hervir a fuego alto. Ponga ½ taza de chispas de chocolate semiamargo en un recipiente. Vierta encima la mezcla de crema; deje reposar por 5 minutos. Revuelva hasta uniformar.

trufas de mantequilla de maní

   2 tazas (350 g) de chispas de chocolate de leche
½ taza de crema batida
   2 cucharadas de mantequilla
½ taza de mantequilla de maní
¾ de taza de maníes finamente picados

1. Combine las chispas, la crema y la mantequilla en una olla pesada; derrita a fuego bajo; revuelva de vez en cuando. Agregue la mantequilla de maní; revuelva bien. Vierta en un molde para pay. Refrigere por 1 hora o hasta que esté suave; revuelva de vez en cuando.

2. Forme con la mezcla bolas de 3.5 cm, usando una cuchara; colóquelas sobre papel encerado.

3. Ponga los maníes en un recipiente. Ruede las bolas en el maní; acomódelas en capacillos de papel. (Si los maníes no se adhieren a la trufa porque está dura, ruédela entre las manos para suavizar la superficie.)

4. Las trufas pueden refrigerarse de 2 a 3 días o congelarse por varias semanas. *Rinde unas 36 trufas*

consejo | Para un mejor contraste, ruede algunas de las trufas en cocoa en polvo.

fáciles galletas de mantequilla

1 taza (2 barras) de mantequilla sin sal, suavizada
½ taza de azúcar glass
2 cucharadas de azúcar morena
¼ de cucharadita de sal
2 tazas de harina de trigo

1. Bata la mantequilla, las azúcares y la sal en un recipiente, con la batidora eléctrica a velocidad media, por 2 minutos o hasta que esté ligera y esponjosa. Agregue la harina, ½ taza a la vez, batiendo después de cada adición.

2. Forme con la masa una barra de 35 cm de largo; envuélvala con plástico. Refrigere por 1 hora.

3. Caliente el horno a 150 °C. Corte la barra en rebanadas de 0.5 cm de grosor; acomódelas en charolas sin engrasar. Hornee de 20 a 25 minutos o hasta que se doren un poco. Deje enfriar por 5 minutos sobre las charolas; pase a rejillas y enfríe por completo.

Rinde 28 galletas

Nota: La masa puede guardarse en el refrigerador hasta por dos días, o en el congelador hasta por un mes. Si la congela, descongélela en el refrigerador por toda la noche antes de rebanar y hornear.

dulces tropicales

½ taza de chispas de chocolate blanco
¼ de taza de jarabe de maíz light
½ taza de dátiles picados
¼ de taza de cerezas maraschino, escurridas y picadas
1 cucharadita de vainilla
¼ de cucharadita de extracto de ron
1¼ tazas de galletas de jengibre machacadas
Coco rallado

continúa en la página 150

dulces tropicales, continuación

1. Combine las chispas y el jarabe en una olla. Cueza a fuego bajo hasta que se derrita y esté uniforme al revolver.

2. Agregue los dátiles, las cerezas, la vainilla y el ron; revuelva bien. Agregue las galletas; revuelva. (La mezcla estará dura.)

3. Forme con la masa bolas de 2 cm; ruédelas en el coco. Colóquelas en capacillos de papel, si lo desea. Sirva de inmediato o deje reposar por toda la noche para que se mezclen los sabores.

Rinde unas 2 docenas de dulces

biscotti de almendra

¼ **de taza de almendras rebanadas finamente picadas**
½ **taza de azúcar**
2 **cucharadas de mantequilla**
4 **claras de huevo, ligeramente batidas**
2 **cucharaditas de extracto de almendra**
2 **tazas de harina de trigo**
2 **cucharaditas de polvo para hornear**
¼ **de cucharadita de sal**

1. Caliente el horno a 190 °C. Coloque las almendras en una charola sin engrasar. Hornee de 7 a 8 minutos o hasta que se doren un poco. (Tenga cuidado con las almendras, pues se doran con facilidad.)

2. Bata el azúcar y la mantequilla en un recipiente, con la batidora eléctrica a velocidad media, hasta uniformar. Agregue las claras y el extracto de almendra; revuelva bien. Combine la harina, el polvo para hornear y la sal en un recipiente. Agregue la mezcla de huevo y las almendras a la de harina; revuelva bien.

3. Rocíe 2 moldes para pan de 23×13 cm con aceite en aerosol. Divida la masa entre los moldes; extiéndala con las yemas de los dedos húmedas. Hornee por 15 minutos o hasta que, al insertar en el centro un cuchillo, éste salga limpio. Retire del horno; desmolde sobre una tabla para picar. Engrase ligeramente unas charolas para hornear o fórrelas con papel encerado.

4. Tan pronto como las barras de pan estén frías para manipularlas, corte cada una en 16 rebanadas (de 1.5 cm de grosor). Ponga las rebanadas, con el lado cortado hacia abajo, en las charolas. Hornee por 5 minutos; voltéelas. Hornee por 5 minutos o hasta que se doren. Sírvalas tibias o frías. Guárdelas en un recipiente hermético.

Rinde 32 biscotti

enjambres de coco y chocolate

5⅓ **tazas de coco dulce rallado**

1 **lata (400 ml) de leche condensada (NO evaporada)**

⅔ **de taza de cocoa**

¼ **de taza (½ barra) de mantequilla, derretida**

2 **cucharaditas de extracto de vainilla**

1½ **cucharaditas de extracto de almendra**

Besos de chocolate miniatura o mitades de cerezas cristalizadas (opcional)

1. Caliente el horno a 180 °C. Forre charolas con papel de aluminio; engrase generosamente el aluminio con manteca vegetal.

2. Combine el coco, la leche, la cocoa, la mantequilla, la vainilla y el extracto de almendra en un recipiente; revuelva bien. Ponga cucharadas redondeadas de la mezcla en las charolas.

3. Hornee de 9 a 11 minutos o hasta que estén listas; presione 3 chocolates o 3 mitades de cereza en el centro de cada galleta, si lo desea. De inmediato, ponga las galletas en rejillas y deje enfriar por completo.

Rinde unas 2½ docenas de galletas

Macarrones de Chispas de Chocolate: Omita la mantequilla y la cocoa; revuelva los demás ingredientes. Agregue 1 taza de chispas de chocolate semiamargo. Hornee de 9 a 11 minutos o hasta que estén listas. De inmediato, pase a rejillas y deje enfriar.

notas

154

índice

155

índice

índice

MEDIDAS DE CAPACIDAD (seco)

⅛ de cucharadita = 0.5 ml
¼ de cucharadita = 1 ml
½ cucharadita = 2 ml
¾ de cucharadita = 4 ml
1 cucharadita = 5 ml
1 cucharada = 15 ml
2 cucharadas = 30 ml
¼ de taza = 60 ml
⅓ de taza = 75 ml
½ taza = 125 ml
⅔ de taza = 150 ml
¾ de taza = 175 ml
1 taza = 250 ml
2 tazas = 1 pinta (pint) = 500 ml
3 tazas = 750 ml
4 tazas = 1 litro (1 quart)

MEDIDAS DE CAPACIDAD (líquido)

30 ml = 2 cucharadas = 1 fl. oz
125 ml = ½ taza = 4 fl. oz
250 ml = 1 taza = 8 fl. oz
375 ml = 1 ½ tazas = 12 fl. oz
500 ml = 2 tazas = 16 fl. oz

PESO (masa)

15 g = ½ onza (oz)
30 g = 1 onza (oz)
90 g = 3 onzas (oz)
120 g = 4 onzas (in)
225 g = 8 onzas (in)
285 g = 10 onzas (in)
360 g = 12 onzas (in)
450 g = 16 onzas (in)

115 g = ¼ de libra (lb)
150 g = ⅓ de libra (lb)
225 g = ½ libra (lb)
340 g = ¾ de libra (lb)
450 g = 1 libra = 1 pound
565 g = 1¼ libras (lb)
675 g = 1½ libras (lb)
800 g = 1¾ libras (lb)
900 g = 2 libras (lb)
1.125 kg = 2 ½ libras (lb)
1.240 kg = 2¾ libras (lb)
1.350 kg = 3 libras (lb)
1.500 kg = 3 ½ libras (lb)
1.700 kg = 3¾ libras (lb)
1.800 kg = 4 libras (lb)
2.250 kg = 5 libras (lb)
2.700 kg = 6 libras (lb)
3.600 kg = 8 libras (lb)

TEMPERATURA DEL HORNO

48 °C = 120 °F
54 °C = 130 °F
60 °C = 140 °F
65 °C = 150 °F
70 °C = 160 °F
76 °C = 170 °F
81 °C = 180 °F
92 °C = 200 °F
120 °C = 250 °F
140 °C = 275 °F
150 °C = 300 °F
160 °C = 325 °F
180 °C = 350 °F
190 °C = 375 °F
200 °C = 400 °F
220 °C = 425 °F
230 °C = 450 °F
240 °C = 500 °F

LONGITUD

0.2 cm = ¹⁄₁₆ de pulgada (in)
0.3 cm = ⅛ de pulgada (in)
0.5 cm = ¼ de pulgada (in)
1.5 cm = ½ pulgada (in)
2.0 cm = ¾ de pulgada (in)
2.5 cm = 1 pulgada (in)

MEDIDAS DE RECIPIENTES PARA HORNEAR

Molde	Medidas en cm	Medidas en pulgadas/cuartos (quarts)	Capacidad
Para torta (cuadrada o rectangular)	20×20×5	8×8×2	2 litros
	23×23×5	9×9×2	2.5 litros
	30×20×5	12×8×2	3 litros
	33×23×5	13×9×2	3.5 litros
Para barra	20×10×7	8×4×3	1.5 litros
	23×13×7	9×5×3	2 litros
Para torta redonda	20×4	8×1½	1.2 litros
	23×4	9×1½	1.5 litros
Para pay	20×3	8×1¼	750 ml
	23×3	9×1¼	1 litro
Cacerola para hornear	———	1 cuarto (quart)	1 litro
	———	1½ cuartos	1.5 litros
	———	2 cuartos	2 litros

tabla de conversión